U0330022

帝京拼贴

高雅 著

重构中国古代都城
历史现场

生活·讀書·新知 三联书店

图书在版编目（CIP）数据

帝京拼贴：重构中国古代都城历史现场／高雅著．—北京：
生活·读书·新知三联书店，2021.4
ISBN 978－7－108－06758－6

Ⅰ．①帝…　Ⅱ．①高…　Ⅲ．①城市史－中国－古代－文集
Ⅳ．① K928.5-53

中国版本图书馆 CIP 数据核字（2020）第 021390 号

特邀编辑　李　欣
责任编辑　徐国强
装帧设计　蔡立国
责任印制　徐　方
出版发行　生活·讀書·新知 三联书店
　　　　　（北京市东城区美术馆东街 22 号　100010）
网　　址　www.sdxjpc.com
经　　销　新华书店
印　　刷　三河市天润建兴印务有限公司
版　　次　2021 年 4 月北京第 1 版
　　　　　2021 年 4 月北京第 1 次印刷
开　　本　880 毫米×1230 毫米　1/32　印张 9.5
字　　数　173 千字　图 89 幅
印　　数　0,001－6,000 册
定　　价　68.00 元
（印装查询：01064002715；邮购查询：01084010542）

彩图 1-1　宋徽宗《瑞鹤图》局部（辽宁省博物馆藏）*

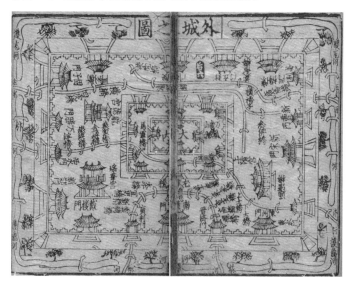

彩图 1-2　《东京外城图》
（〔宋〕陈元靓编，《新编纂图增类群书类要事林广记》，元至顺年间西园精舍刊本）

* 本书彩图编号配合正文，并非按顺序排列。——编注

彩图 3-1 〔宋〕张择端《金明池争标图》(天津博物馆藏)

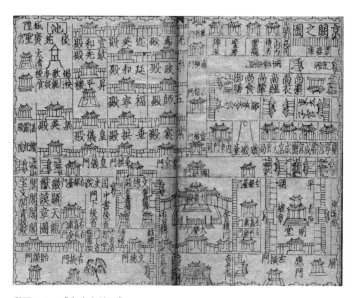

彩图5-1 《东京宫城图》

（〔宋〕陈元靓编，《新编纂图增类群书类要事林广记》，元至顺年间西园精舍刊本）

彩图 6-1　宋本《清明上河图》里的北宋妇女形象

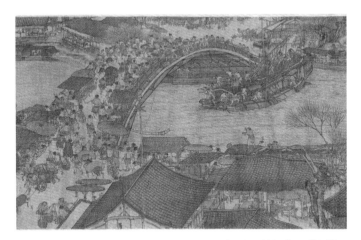

彩图6-2　宋本《清明上河图》的最高潮，桥上自顾热闹的人群和桥下
气氛紧张的船只

彩图6-3　宋本《清明上河图》画面伊始的卖炭翁形象

彩图6-4 宋本《清明上河图》虚构的城楼，人们多认为其原型是汴京东南角的东角子城楼

彩图7-1 宋本《清明上河图》孙家正店局部

彩图 7-2　宋瓜形银酒壶（四川省博物院藏）

彩图 7-3　宋银酒壶（四川省博物院藏）

彩图 9-1　州桥月色（作者：郑喆）

彩图 11-1 妇好墓出土的玉熊和嵌绿松石骨雕老虎（唐际根《殷墟，一个王朝的背影》，科学出版社，2009 年）

彩图 11-2　妇好墓扁足方鼎（唐际根《三千年前的首都记忆》,《中华遗产》2007 年第 7 期）

彩图 11-3 商朝武士像复原图（刘永华《中国古代军戎服饰》，上海古籍出版社，2003 年）

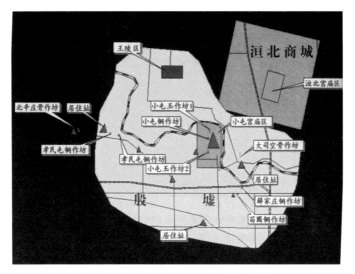

彩图 11-4 殷墟平面图（唐际根《殷墟，一个王朝的背影》，科学出版社，2009年）

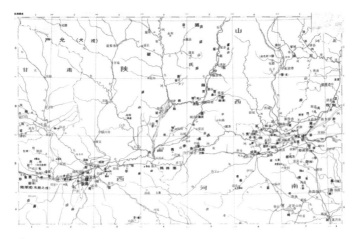

彩图12-1 西周疆域图（宗周附近）

（谭其骧《中国历史地图集》，中国地图出版社，1996年）

彩图 12-2　何尊，西周早期何姓贵族所做的祭器，内底有铭文 12 行，122 字，记载营建洛邑之事（陕西省宝鸡市青铜器博物馆藏）

彩图 14-1　楚青铜升鼎（湖北省博物馆藏）

彩图14-2　《人物龙凤帛画》中所示楚人女子形象（湖南省博物馆藏）

彩图 14-3　楚人女子形象（湖北省文物局等《沙洋塌冢楚墓》，科学出版社，2017 年）

彩图 16-1　唐代斗拱示意：山西五台山大佛光寺之一（作者：遗产君）

彩图 16-2　唐代斗拱示意：山西五台山大佛光寺之二（作者：遗产君）

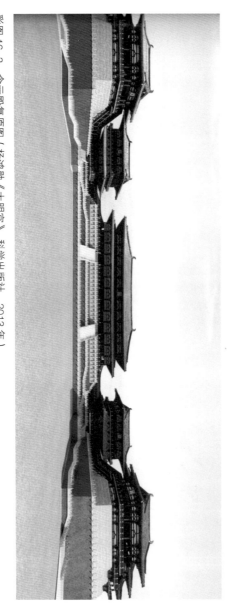

彩图 16-3　含元殿复原图（杨鸿勋《大明宫》，科学出版社，2013 年）

彩图 16-4 从东龙尾道仰望含元殿（杨鸿勋《大明宫》，科学出版社，2013 年）

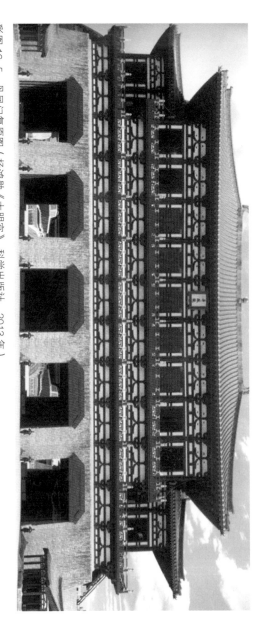

彩图 16-5　丹凤门复原图（杨鸿勋《大明宫》，科学出版社，2013 年）

彩图 16-6　远望含元殿（杨鸿勋《大明宫》，科学出版社，2013 年）

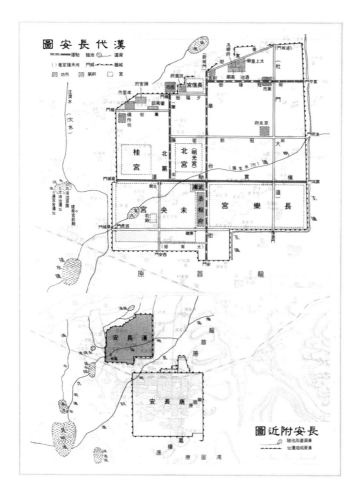

彩图 17-1　汉长安图以及汉唐长安位置关系图 [程光裕、徐圣谟主编《中国历史地图》(合订本)，中国文化大学华冈出版部，1984 年]

彩图 19-1 朱雀大街南望视野图（作者：郑瑄）

彩图 20-1　宋人绘唐人游骑图（故宫博物院藏）

彩图 23-1　卷毛少年 黄釉加彩 唐麟德元年（664）（美秀美术馆图录《长安 陶俑の精华》）

彩图 23-2　骑马胡人 灰陶加彩 唐神龙二年（706）（美秀美术馆图录《长安 陶俑の精华》）

彩图 24-1　花萼相辉楼复原图（窦培德、罗宏才《唐兴庆宫勤政务本楼花萼相辉楼复原初步研究》,《文博》2006 年 05、06 期）

彩图 24-2　芝加哥东方图书馆藏《辋川图》拓本局部，明代沈国华拓宋人郭忠恕临本

彩图 26-1　唐代住宅模型（美秀美术馆图录《长安　陶俑の精华》）

目 录

自　序

　　城市之所以迷人，在于它的开放、多元与包容。而这一切，离不开居住于其中的人。倘若不曾切实在一个城市生活过，对它的点评难免浮于表面，不痛不痒。无论古今。

　　所以宋人孟元老在《东京梦华录》中对昔日东京繁阜盛景的回忆，尽管跨越千年仍直指人心。一字一句，皆是他眼前之物。虽然不得再见，却还要把这座城的赏心乐事不厌其烦地一件件说给你听，落笔之时，不知是笑是泪。同样历数过记忆中长安寺塔光影的唐人段成式这么说过，"当时造适乐事，邈不可追"。大约就是这样一种心情。

　　没去过的人当如何呢？自《东京梦华录》起，我迷上了赏游旧时帝京。因是赏游，少了一本正经的科普，只是由着性子地寻个乐儿罢了。一入夜便关上书房的门，将四散在不同类型史料中的线索拼接起来，园林建筑、天文考古、自然灾害、军事政治、诗词歌赋、音乐舞蹈、书画笔记、文人八卦、正史年谱……林林总总，千奇百怪。我想做的，是还原当时人眼里的帝京风华。为什么是"帝京"？因为制度使然，帝京必须是这个庞大帝国最精彩的城市，没有之一。

拼着拼着，我发现谁也离不开谁。那些散落在各领域的线索绝非孤立，而是自有联系。像拼图一样将其拼贴起来，慢慢显现的是古代中国城市的完整生活图景。例如，光知道苏轼嘉祐元年（1056）进京应试不行，还得还原当时的京城天气——五六月间，持续大雨滂沱；住在何处？——马军桥东北的兴国寺东座第二位、老僧德香院内；兴国寺长什么样？——苏轼所住的房间房屋南侧有一间古屋，东西皆是壁画，苏轼曾专门写诗描述，壁画应当十分精美。如此，便是从苏轼的眼，看到了嘉祐年间的东京城了。为了解那时的城市，须得用当时人的眼去看；为品味当时人的心境、为何写出那般文字，须得知晓他们生活在一个怎样的城市之中。既然难以感同身受，那就试着设身处地。

于是我真的去过了。真的。我看到了千门万户笙箫里、华灯偏共月争光，看到了金明池边春色旖旎，走过清风楼时，闻见了清洌的酒香，那是夏天专属的气味。我还看到了坊门关闭后的长安月色，坊外不见得有鬼在吟诗。我和王维一起去安兴坊的岐王府里做客，又同他一起看见辋川的雪。一路走，一路看，有时候我会写着写着忍不住自己钻到文章里，用第一人称来描述我眼中的东京梦华或是长安月下。想到哪里，就写到哪里，什么话题感兴趣，就写什么。也因此并没有老老实实地遵循朝代顺序来写。北宋东京热闹瞧够了，便想回到故事的最开始去考古。然而先秦时期的资料实在太少，写着写着又有些坐不住了，对长安心痒痒起来，索性又蹦到唐朝去。可以说是相当任性了。

终了，我还有一个发现，那就是历经朝代更迭、星河流转，有什么事物是不变的。一是头上那轮明月，照亮我们和照亮李白的，是同一个；二是美，春日赏花是美，夏日饮酒赏月是美，秋日红叶满僧廊是美，冬夜圆月高悬，辋川雪景犹如梦境也是美。当时惊艳了他们的，留下痕迹，如今又惊艳了我，我很感激。

上篇

带你去游北宋东京城

东京上元夜狂欢指南

　　宣德门是北宋东京汴梁[1]皇宫的正南门，是大宋辨识度最强，也格外用心营造的一座城楼。宣德门的主体结构包括城门楼、朵楼[2]和阙楼，形成一个"凹"字形。正中央的城门楼面阔七间，屋顶为单檐四阿顶，由绿琉璃筒瓦铺就，正脊两端有鸱吻作龙口吞脊状，屋顶两翼有明显的翘起。屋顶下的斗拱、椽子、角梁都涂成红色，墙壁皆砖石间甃，雕刻龙凤飞云之状，椽檐层层叠叠，极尽精美之能事。下列五门，皆金钉朱漆。城门楼两侧通过斜廊连接两座朵楼，朵楼又通过行廊连接前面的阙楼，整体造型清秀灵巧。（见彩图1-1）

　　宣德门是东京中轴线御街的起点。门前是御街最宽处，宽达三百米，围合成一个后世意义上的"丁"字形皇家小

1　今河南省开封市。

2　朵楼，即"观"。宋人高承写道："周有两观……俗谓之朵楼。"〔宋〕高承《事物纪原》卷八，北京：中华书局，1989年，442页。

图1-1　辽宁省博物馆藏卤簿钟上的宣德门形象
(傅熹年《中国古代建筑十论》，复旦大学出版社，2004年)

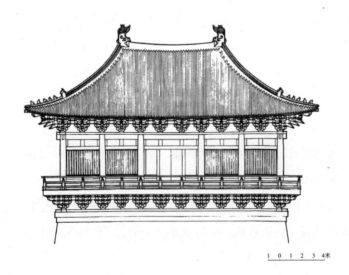

1　0　1　2　3　4米

图1-2　北宋东京宫城城门宣德楼复原立面图
（郭黛姮《中国古代建筑史》第三卷，中国建筑工业出版社，2009年）

广场。一路南行，经州桥跨过东京城的东西干线汴河大街后，御街才开始收窄。继续往南，走过朱雀门，再跨过龙津桥，直到外城的南薰门，这条两公里长的御街才算是走到了头。御街两边分布有包括大相国寺在内的重要公共建筑，是东京城当仁不让的景观轴。御街两边乃御廊，一度允许市人在其间摆摊设点，政和年间才禁止。廊前各安置黑漆杈子。路中央用朱漆杈子隔出的中心御道许车马行走，行人只能在朱漆杈子之外的廊下行走。御街两侧石砌的御沟之内遍植风荷，御沟边依次种植桃树、梨树、李树、杏树，行人于一片锦绣中闲庭信步，情调十足。这样具有层次、人车分流的道路景观设计，即使现在来看都算是匠心独具。（见彩图 1-2 ）

　　这是东京土著孟元老魂牵梦萦的一条街、一座城。南宋绍兴十七年（1147）除夕，"靖康之难"似乎已是过眼

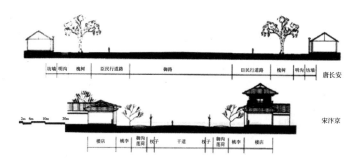

图1-3　北宋东京御街与唐长安朱雀大街横断面比较图
（李路珂《古都开封与杭州》，清华大学出版社，2012年）

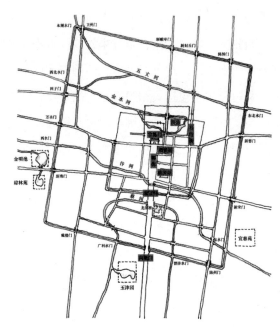

图1-4　北宋东京城手绘平面图
（根据郭黛姮《中国古代建筑史》第三卷《北宋东京城市结构图》改绘，作者：崔旭川）

云烟，孟元老已在西湖边柔软旖旎的临安城住了十几年。然故国难舍，故城难忘，他经常回想起曾生活过的东京城，那是一座怎样的城市呢？是"灯宵月夕，雪际花时，乞巧登高，教池游苑。举目则青楼画阁，绣户珠帘。雕车竞驻于天街，宝马争驰于御路。金翠耀目，罗绮飘香，新声巧笑于柳陌花衢，按管调弦于茶坊酒肆"。[1]其实平心而

1　〔宋〕孟元老《东京梦华录·序》。

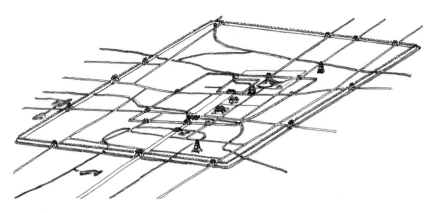

图1-5　北宋东京城手绘轴测图
（根据郭黛姮《中国古代建筑史》第三卷《北宋
东京城市结构图》改绘，作者：崔旭川）

论，临安之繁盛，比起东京也不逊色几分，可临时安稳下
的江南烟雨，却怎么也无法取代东京御街上吹过来的风，
那是盛世的气息，是梦里才能看到的故乡。

　　让我们把时间调回到北宋时期的东京城吧！是日正月
十四，万幸能赶上上元节喧闹的最高潮。不妨把脚步放快一
些，宣德门前的灯火可千万不能少看，哪怕一秒。

　　北宋上元节张灯活动沿袭自唐朝，但规模更大。据《宋
史》记载：

　　　　三元观灯，本起于方外之说。自唐以后，常于正
　　月望夜，开坊市门然灯。宋因之，上元前后各一日，
　　城中张灯，大内正门结彩为山楼影灯，起露台，教坊

陈百戏。天子先幸寺观行香，遂御楼，或御东华门及东西角楼，饮从臣。四夷蕃客各依本国歌舞列于楼下。东华、左右掖门、东西角楼、城门大道、大宫观寺院，悉起山棚，张乐陈灯，皇城稚蝶亦遍设之。其夕，开旧城门达旦，纵士民观。后增至十七、十八夜。[1]

宋初张灯为十四、十五、十六三日，太祖乾德五年（967）下诏，"上元张灯，旧止三夜，今朝廷无事，区寓乂安，况当年谷之丰，宜从士民之乐。具令开封府更放十七、十八两夜灯"。[2]自此增加十七、十八两天，上元节一连张五天的灯。太宗太平兴国六年（981），更是将燃灯五夜形成了一种制度。

上元节是北宋欢度春节活动的高潮，亦是尾声。这一系列活动自冬至开始，到上元结束。其间，冬至、元日、上元每个佳节的全国性假期竟然各自多达七天，简直像个连续剧。从冬至起，东京城就进入了喜气洋洋、没完没了的节日狂欢模式。大年初一，皇宫内举行大朝会，来自大辽、西夏、高丽、回鹘、于阗等国的使节依次觐见皇帝。其中辽国使臣的待遇尤为不同，朝廷为他们在其下榻驿馆都亭驿单独设宴（高丽国亦有此待遇），

1 《宋史·志第六十六·礼十六》。

2 《宋大诏令集》卷一百四十四《游观·十七十八夜张灯诏》，中华书局，1962 年。

之后的专有行程还包括：初二去相国寺烧香，初三到南御苑射箭。也不知是为了陪玩还是为了斗气，皇帝会亲自打发自己的勇士去陪辽国使臣射箭。当宋朝的伴射勇士凯旋时，兴奋的民众早已经在外面排开"粉丝队形"，一路为勇士们叫好。

宣德门前的灯山搭建工作从冬至之后便兢兢业业地开始了。灯山这边厢在勤恳建设，另一边则聚集了一群不甘寂寞、过分激动的路人，他们早已经迫不及待地聚集到楼前的御街。两廊下各种奇奇怪怪的表演节目正在火热上演，有奇术异能、歌舞百戏，乐声嘈杂到十余里外都能听到。还有体育活动击丸蹴鞠，杂耍表演踏索上竿，赵野人表演倒吃凉面，张九哥纵情吞铁剑。这些还算正常。"鱼跳刀门""使唤蜂蝶""追呼蝼蚁"究竟是何场面？光听名字都一头雾水，一定得去宣德楼下看个究竟不可。

到了正月初七，各国使臣入朝告辞，他们前脚刚走，后脚宣德楼前的灯山已经火速点上了，一时间，金碧相射，锦绣交辉（不知道有没有贪玩不爱走的使臣呢）。灯山上挂有大牌一面，写着"宣和与民同乐"。灯山两侧用五彩扎成文殊和普贤两尊菩萨，分别跨在狮子和白象之上，连手指也没让菩萨闲着，不仅晃动不停，还从每个指尖流出一道水流，用辘轳绞水升到灯山最高处，用木柜储藏着，按时将水倾泻下来，有如瀑布。皇帝的座位临时安排在宣德楼上，正月十四这天，御辇先观灯山，绕一圈得见全貌之后，圣驾登上宣德楼，黄色布帘盖住天子龙颜，接受楼下的民众瞻仰，一声声"万岁"不绝于耳。

"东风夜放花千树，更吹落，星如雨。宝马雕车香满路。凤箫声动，玉壶光转，一夜鱼龙舞。　蛾儿雪柳黄金缕，笑语盈盈暗香去。众里寻他千百度，蓦然回首，那人却在，灯火阑珊处。"一想起上元节，连愤青辛弃疾都忍不住柔软起来。一连五天的上元灯节，东京城无人入眠，只因舍不得闭眼。千街万巷点着日月灯、镜灯、琉璃灯、诸般巧作灯、海鲜灯、诗牌灯、平江玉栅灯、万眼罗灯、马骑灯、走马灯……富人区马行街，十里灯火，盏盏精品，因此最为热闹。背景音乐也少不了。每个城门都设置有官家乐棚，千家万户的宅院中，音乐的演奏也一刻不停。著名的东京少年郎，那些风头正劲的富二代，显然是喝多了酒撒着欢儿在街上跑来跑去，连心爱的宝马都跑得更欢了。城楼上的倒霉禁军耐不住寂寞，只得用竹竿挑个灯笼伸出来晃悠，坚决不做掉队的那一拨。"天碧银河欲下来，月华如水浸楼台。谁将万斛金莲子，撒向皇都五夜开。"[1] 妇女们精心打扮，佩戴着枣栗般大小的小灯笼，并加上珠茸作为装饰[2]，走在灯火里，便是自在光影若梦。这满目的璀璨啊，像满天的繁星落到了东京城，

1　〔宋〕杨亿，《上元》。

2　《岁时广记》引《岁时杂记》云："都城仕女有插戴灯球、灯笼，大如枣栗，加珠茸之类。"

炸出个火树银花不夜天，又像是所有的梦想全都成了真，不然美景如斯，哪里像是在人间？

宫漏永，御街长，乐声与人声交融，华灯与月色争光；人未散，夜深沉，眼见车水马龙，耳闻欢声浮动。狂欢上元，只需快活，此时四海升平，此时不知叹息。

看那满城烟花散尽

还从上元节说起。话说北宋末年的知名反贼团体宋江、柴进、燕青、戴宗和李逵一行五人，趁着上元节期间东京城热闹、松散、守备不严，成功混进城去。那是正月十四的黄昏，明月已然东升，夜空如洗，万里无云，李逵被委屈地留下来看房，其余人则装扮一番，混在社火队里，一路哄入封丘门来。四人饶有兴致地玩遍了六街三市，对马行街的热闹尤为倾心。转过御街去，看到两行都是风月牌，中间有一家格外别致，外悬青布幕，里挂斑竹帘，两边碧纱窗，外挂两面牌，牌上各五字："歌舞神仙女，风流花月魁。"宋江觉得不俗，便进附近茶坊吃茶，问茶博士道："前面那家是谁家的角妓？"[1] 茶博士答曰："东京上厅行首[2]李师师。"宋江早就知道这李师师与今上交情匪浅，便吩咐燕青

1　角妓：色艺双全之妓女。徐渭《西厢记眉批》："宋人谓风流蕴藉为'角'，故有'角妓'之名。"

2　行首：指名妓。

去李师师处探个虚实，下不细表 [1]。

单从《水浒传》的这段描写当中，我们便能领略东京城内的风月之盛，从御街拐个弯便已经是一片风情旖旎，其他地方那还了得！

御街位于内城里的南段东侧，便是鼎鼎大名的相国寺。相国寺的南边有条录事巷。旧时妓女们陪酒，往往承担劝酒、行监酒令之责，因此被称为录事。约莫是因着有了"录事"，这地方才得着这名。除了录事巷，《东京梦华录》里还提及十一处妓馆集中地带，它们分布的场所包括：朱雀门外龙津桥西、朱雀门外东壁大街至保康门前、马行街毅儿市、东西鸡儿巷、相国寺南录事巷、寺北小甜水巷、景德寺前桃花洞、金明池西道者院……而其他"幽坊小巷、燕馆歌楼"则不计其数。此外，像樊楼这种大酒店都有驻场歌伎。这些再正常不过的豪华大酒店，一进店门的场景可能会让列位客官血脉贲张。甫进店门就是一条大长廊，到了晚上灯火辉煌，两排浓妆艳抹的妓女多达数百人列队等候您的召唤，看上去像仙女一样。

东京城的人口，根据比较可靠的数据是在

1　参见《水浒传》第七十二回"柴进簪花入禁苑　李逵元夜闹东京"。

一百五十万左右（徽宗崇宁年间）[1]，是当时世界上最大的城市。而据陶谷《清异录》记载，宋初"四方指南海为烟月作坊，以言风俗尚淫。今京师鬻色户将及万计，至于男子举体自货，进退怡然，遂成蜂窠巷陌，又不止烟月作坊也"。[2] 宋初京师妓女便以万计，这还不包括男妓在内。即使按照东京人口的总体增长幅度（北宋末年较之北宋初增长了约四成）[3] 来保守推算，徽宗年间的妓女数量也极为惊人。

这个庞大的妓女群体大体可分为三个层级：官伎、家伎和私伎。

官伎顾名思义，是官家登记在册的歌伎，包括教坊（即皇家艺术团）的艺伎和各州县官府管理的官伎（又称营伎）。《宋史·乐志》记载，宋初教坊共有四百六十人。但凡官府举行重大活动，比如集会、游乐和宴会等，都会叫上自己

1　周宝珠《宋代东京研究》（开封：河南大学出版社，1992 年，324 页）第九章"户口构成及各阶层人的经济生活状况"谈及："北宋东京最盛时有户 13.7 万左右，人 150 万左右，是当时世界上人口最多的城市。"吴涛在《北宋都城东京》（郑州：河南人民出版社，1984 年，38 页）中考证是一百四十万。久保田和男考证后指出，人口数在北宋末年达到最大值已经是定论（久保田和男《宋代开封研究》，上海：上海古籍出版社，2010 年，94 页），他还认为仁宗朝可以确定的首都人口总数已达 140 多万人，并可以推定其中 30 万—40 万人为城外的城市人口，因为当时将募兵部队集中在首都。（久保田和男，《宋代开封研究》，110 页）

2　《清异录》卷上《蜂窠巷陌》。

3　开封府户数统计，太平兴国年间（976—983）178361 户（《太平寰宇记》卷一），崇宁二年（1103）261117 户（《宋史·志第三十八·地理一》）。开封府包括京城及周边十六个县。因此我认为城内与开封府的整体人口增长幅度和趋势一致。

的官伎来装点场面。官伎还有一个妙用——卖酒。熙宁二年（1069）九月，王安石推行青苗新法（即民户可向政府借贷用以耕作）。这是一桩多么正经的事啊！结果在王栐的《燕翼诒谋录》里留下了如此这般的花边：政府一面设立发放青苗贷款的办公室，一面在办公室门口开酒家，引诱那些拿钱出来的市民买酒来喝。市民借了十块钱，就要引诱他花掉两三块钱。又担心人家不买账，就命妓女坐在酒家来吸引客源。这伎俩委实心机。

家伎是各路显贵家里养的歌伎，用于府内家宴的歌舞表演和陪客事宜。蓄养家伎来佐兴，是当时士大夫的一大风尚。比如欧阳修家里养了八九位家伎。苏轼也养了数人，他称呼自己的家伎为"搽粉虞侯"[1]，此类记录数不胜数。《东京梦华录》记载，上元佳节时，各家的家伎皆会在宣德楼前竞相演唱流行歌曲，山棚露台上下，乐声鼎沸不息，东京市民难得看到这些华服善歌的家伎，真真是看花了眼。

与东京最受妓女欢迎的词作家柳永往来最多的，恰恰是最低等级的私伎。这类妓女，是既卖艺又卖身的。柳永二十岁就离开老家福建，进京参加进士考试，因着自己的

1　〔宋〕吕本中《轩渠录》记载，苏轼有"歌舞妓数人，每留宾客饮酒，必云：有数个搽粉虞侯，欲出来祇应也"。

浅斟低唱，在东京城待了整整三十年才及第[1]。可以说在人生的大部分时间，他都是一个不折不扣的"京漂"。这三十年岁月他可真没闲着，将毕生所作诗词的三分之二，都献给了这个他欢笑流连的城市，其中的一大部分都与东京城的妓女们有着千丝万缕的联系。柳永有多受欢迎呢？"皇家艺术团"但凡有新曲目，必须求柳永来作词才能放心对外发布。那些在他笔下各种"玉肌琼艳"可供"对酒竞流连"的丽人，是他忠心不二的铁杆"粉丝团"。

　　东京的妓女要想扬名，光长相漂亮可是远远不够的。能歌善舞那是必备本领，擅长琴棋书画的更是大有人在，能填词作赋、举手投足气度不俗的也不稀奇。财富固然是妓女们的基本生存需求，但是她们普遍更爱的是才华。她们追求的，不是珠翠绫罗，而是柳永作词的新声。谁要是能首个唱响，就能红上好一阵子。于是"粉丝团"的口号是这样喊的："不愿穿绫罗，愿依柳七哥；不愿君王召，愿得柳七叫；不愿千黄金，愿中柳七心；不愿神仙见，愿识柳七面。"[2]

　　宋朝的妓女业之发达，可谓超越前面所有朝代。这与

1　〔宋〕吴曾《能改斋漫录》："仁宗留意儒雅，务本理道，深斥浮艳虚薄之文。初，进士柳三变好为淫冶讴歌之曲，传播四方，尝有《鹤冲天》词云：'忍把浮名，换了浅斟低唱。'及临轩放榜，特落之，曰：'且去浅斟低唱，何要浮名！'景祐元年方及第；后改名永，方得磨勘转官。"

2　〔明〕冯梦龙《喻世明言》。

宋朝商业的兴盛是分不开的。东京城不仅是政治上的首都，也是全国的商业中心。国内外商户进出京城流动频繁，为求生存显达，不少人离乡背井来到京城寻找机会。这种人口的流动为城市带来了活力和繁荣。镜子的另一面，这帮"京漂"们在生活不稳定感的驱使之下，对性的需求和层次要求也越来越高。加之京城乃全国人才集中之地，另一种类型的"京漂"——上京赶考的士子们都远离家人妻眷，需要温柔乡的陪伴和体恤才不致寂寞。而真正色艺双全的名妓们，都避着满是铜臭味的商人，最青睐的正是这些满腹诗书的士子。柳永、秦观、晏几道这样的青年才俊，她们引为平等相待的知己；对苏轼、周邦彦这样的大家，她们崇拜跟随。可是绝大多数客人，都只把她们当作消遣和享乐的工具而已。

不管在哪个朝代，妓女都是社会的边缘人物。男人爱看她们，闲暇时间更爱流连妓馆，让她们陪着看景吟诗，聊天作乐，可谁能说那些关于妓女的香艳诗词下有几分真心？这些姑娘因着种种缘故流落风尘，不管带着几分自愿还是身世所迫，点缀着东京城的寻常巷陌，为男人的生活提供些无伤大雅的插曲。这些命途多舛的女子，能落籍的少，从良的就更少，生了病则更是无人问津，有多少人默默地香消玉殒也无人关心。柳永在《离别难》里写道："人悄悄，夜沉沉。闭香闺、永弃鸳衾。想娇魂媚魄非远，纵洪都方士也难寻。"就连艳压京华的李师师，最后的结局也

无人知晓，帝王恩有何用？几阕词又有何益？不过是转瞬
即逝的烟花罢了，散尽了只有满地仓皇的纸屑，仿佛曾经
的绚烂不曾存在过一般。

春游才是正经事

你们以为对于我堂堂大宋首都居民来说，上元节逛五天灯会就玩够了吗？远远不够！

宣德门前灯山的火芯还没有完全熄灭，不好意思，我们已经轻松地无缝衔接到春游的情绪。五天不眠不休的狂欢还没有完全耗尽我们的体力，还有更多精彩在等待继续。反正我不想落在潮流后面，不然平日里和小伙伴们聚会的时候，该拿什么新话题来填词呢？填不了好词，怕是永远也做不了徐婆惜[1]的入幕之宾了！

正月二十，天还没亮，从新郑门、南薰门、新宋门……走出一拨又一拨不知疲倦的男女老少。他们争先恐后，熙熙攘攘，欢欢喜喜，能坐车的坐车，坐不了车就结伴步行，

---

1 〔宋〕孟元老《东京梦华录·京瓦伎艺》："崇、观以来，在京瓦肆伎艺，张廷叟、孟子书主张。小唱李师师、徐婆惜、封宜奴、孙三四等，诚其角者。"

像是一场仪式一般，涌向城外诸多探春胜地。此时暖律[1]已被上元节的火热催得早早来到，遥望碧空如扫，耳听柳莺娇啼，满眼是韶光明媚，空气被青草的芳香浸透。原来沁人心脾当作此感受，光置身其中便已足够欢喜了。

再环视周围的景色，虽是乍暖还寒光景，却已春容满野。花朵争先恐后探出头来，柳叶刚刚抽芽，斜斜地罩在绮陌间。是极嫩的绿，更是极好的春色，看得人耳目一新，心头似乎被柳枝轻抚一样的酥软。仕女们的香车、士子们的宝马从身边一一驶过，留下朗朗笑声和绵延不断的氤氲香气。沿途经过一些亭台水榭，能看到丽人们的曼妙舞姿在其中闪现。树林里妙龄女子们荡着秋千，巧笑倩兮；林间空地上也不得闲，东京少年郎们已经各自圈了地盘，开局蹴鞠了，围观叫好的里三层外三层看得不亦乐乎。一路还没行到目的地，我就已经喜不自胜，未饮先醉了。

虽说东京城被诸多园林环绕，城东到十五里之独乐冈，城西到三十里之板桥诸园，城北到二十里之苍王坟，城南到八九里之青城，分布着皇家或私家乃至寺庙所有的上百座园圃[2]，百里之内，并无闲地，形成一道绵延的绿化带，为东京城带来无限生机和盈盈绿意。这些园圃若要一家家都玩遍，

1　暖律：温暖的节候。〔宋〕范纯仁《鹧鸪天》词云："腊后春前暖律催，日和风暖欲开梅。"

2　周宝珠《宋代东京研究》第十四章"园林与绿化"。开封：河南大学出版社，1992年，457页。

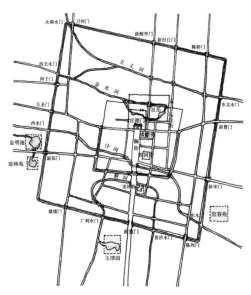

图3-1 文中提及园林分布示意图（根据郭黛姮《中国古代建筑史》第三卷《北宋东京城市结构图》改绘，作者：崔旭川）

怕是春尽暑兴都玩不完。因此须对游玩之地有所遴选，方能在尽可能短的时间内尽得春之奥妙。但凡外地来客，我都会郑重推荐一些东京城郊我钟爱的去处。这些都是我数年游历沉淀下来的独家攻略，请体谅我一片私心，勿要外传才是。

既要探春，那么城南南薰门外的玉津园不可不去，那里有最纯粹的春光，较之金明池的喧闹，别有一番清新风味。[1] 玉津园始建于后周世宗显德年间（954年—960年正月），又名南御苑。我朝太祖、太宗都极为珍爱玉津园，太祖在位时共莅临玉津园三十三次之多，可见恩宠之盛。苏子瞻《游玉津园》诗云，"不逢迟日莺花乱，空想疏林雪月光"。玉津园的景致以自然风光为主，建筑较少。园中南

1　包括玉津园在内的皇家园林，每年的三四月间都会开放，供市民免费游春。

部有地势高的土冈，引了惠民河水入园，形成如镜之池塘
景观，辅以郁郁葱葱的树林和散落有致的农田，高低错落，
紧疏有道，背手漫步其中，尽得大自然之野趣。而玉津园
最有趣之处，在于它有个动物园。没错。是货真价实如假
包换的动物园！动物园位于园内东北侧，专门饲养番邦朝
贡的珍禽异兽，所豢养的动物既有大象、狮子、犀牛这等
猛兽，也有孔雀、白驼这类看了便好生欢喜的动物，引得
总角小儿惊叫连连，我等成年男子也颇觉有趣。

　　往东走新宋门出城再往南，东水门边有个宜春苑，这
里遍植牡丹及缠枝杂花，因位于城东、汴水之阳，向日而
亭台最丽，迎郊而气候先暖，能在莺啼声中赏到赶早开放
的花枝，可以说是最先感知春天的一处园子了 [1]。宜春苑最
初是秦悼王赵廷美的园林，本为我朝初年太祖宴赏进士之
所，此后朝廷也多在此设宴款待大臣。然而现下因为秦悼
王赵廷美的缘故 [2]，皇家无意多做修葺，长此以往，园子有
些破败之意。我却独爱这份不为人所喜的落魄与清净，总
会逆着人流去宜春苑偷闲半日，和至交好友置身美景中谈

1　〔宋〕杨侃《皇畿赋》："其东则有汴水之阳，宜春之苑，向日而亭台最丽，迎
　　郊而气候先暖，莺啭何早，花开不晚。"

2　赵廷美是宋太祖赵匡胤的四弟。《宋史》记载遵照太祖之母皇太后杜氏的"金匮
　　之盟"，赵匡胤应将皇位传给弟弟赵光义，赵光义再传给赵廷美，赵廷美再传回
　　给太祖次子赵德昭。叵是太宗赵光义继位后，德昭因事自刎，太宗因为赵普的
　　进言起了不按"金匮之盟"传位廷美的念头。赵廷美后被诬告欲意谋反，被太
　　宗贬出朝廷，三十八岁便郁郁而卒。

天说地，赏花论道，写诗填词。酒过三巡，轻抚瑶琴之时，那些因求取功名而夙夜苦读不寐的辛苦也可以淡然置之了。

　　倘要论游人如织的赏春去处，莫过城西新郑门外南北相对的琼林苑和金明池。琼林苑以园林景观为胜，走进大门，形态苍劲的奇松异柏于门道两侧夹道相迎，颇为肃穆。可这并不是琼林苑的全部，园内不仅分布有石榴园、樱桃园，亭台楼榭中更是放由酒家在此经营，热闹非凡。琼林苑的东南侧建有高达数十丈的华觜冈，上有金碧辉煌的宝津楼。由石道蜿蜒而上至楼前，闻见园内素馨、茉莉、山丹、瑞香、含笑等南方所进贡之花香，真真是"西池风景出尘寰"，此中妙意，不复多言。

　　与琼林苑相比，金明池胜在池景。金明池开凿于太平兴国元年（976），当时太宗动用军卒三万五千人修建，并引金水河注之，花了三年才修成。水心五殿落成时间更晚，于太平兴国七年（982）三月才修成。想这金明池与宜春苑的旧主秦悼王赵廷美也有些关联，当年正是因为有人诬告赵廷美想趁太宗泛舟金明池时作乱，才定了谋反之罪。

　　金明池周围约九里三十步，池西直径七里许。走入池门，南岸西去百余步，是临水殿。琼林苑华觜冈上的宝津楼与临水殿隔街相望，楼下由宛若飞虹之状的仙桥通往池中央的水心五殿。水心殿正中设有皇帝的御幄，端放一张朱漆明金龙床，并不禁止游人到此观赏。仙桥南岸立有棂星门，门里相对搭起两座彩楼，每逢争标作乐，都有妓女列队其上，煞是娇媚。池北岸则是停泊龙舟的船屋"奥屋"。池四周栽有许多柳树，王安石曾有诗云："金明驰道柳参天。"[1] 我倒是不以为然，驰道边皆为垂杨柳，柳枝垂到池面上，初春那层欲说还休的嫩绿映着一片水波粼粼，是浑然天成的清秀之美，如何"参天"了？怕是在王荆公眼里，世间万物都得渲上他的强劲才是！池东岸道路靠水的那边都搭有彩棚，一到旺季便出租给欲观赏争标的市民，供不应求，奇货可居；道路东侧则都是酒店、饭馆、食品店、赌场、勾栏，游玩所需应有尽有，只此一处便可满足游客几乎所有的休闲需求。

每年三月初一到四月初八，琼林苑与金明池"开池"供市民游乐。二月末，御史台在宜秋门贴出皇榜曰："三月一日，三省同奉圣旨，开金明池，许士庶游行，御史台不得弹奏……"[2] "其他在京官司，不妨公事，任便宴游。"[3] 金明池开池盛事，连御史台都放下平日里的一本正经，只要是东京人便绝不容自己错过。而每逢举办水戏表演和龙舟争标等活动时，整个东京城的人几乎都聚集在金明池，实在是人满为患，仁宗年间甚至出现了踩踏致死的惨剧。

所谓争标，源于太祖年间的水战操练，到后来演化成

1　〔宋〕王安石《九日赐宴琼林苑作》："金明驰道柳参天，投老重来听管弦。饱食太官还惜口，夕阳临水意茫然。"

2　〔宋〕周𪠠《清波别志》卷中。

3　〔宋〕陈元靓《岁时广记》卷十八。

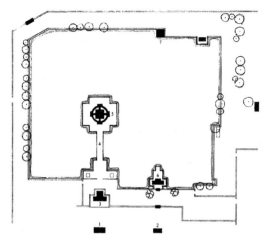

1.宴殿 2.射殿 3.宝津楼 4.仙桥 5.水心殿 6.临水殿 7.奥屋

图3-2 金明池想象复原平面图

（李路珂《古都开封与杭州》，清华大学出版社，2012年）

了纯游艺活动。金明池中大龙舟最初为吴越王钱俶所献，长二十余丈，几经修缮，哲宗年间更是修了一条长三四十丈、宽三四丈的新船来替换。争标使用的则是小龙船，共二十余艘，每条船上都有五十多名红衣军士操持，另有百姓主划的虎头船和飞鱼船。小龙船先到奥屋，牵引着大龙船到临水殿后，在临水殿东西两侧对峙，虎头船和飞鱼船则列在小龙船之后。稍过片刻，由红旗指引，小龙船相继摆出"旋罗""海眼""交头"三种阵型，再列成两队，等鼓声大作，船队在划定的赛道内齐头并进，先到达终点者得标，这时候岸边看台一片欢腾，观众们都高喊各种口号并辅以手舞足蹈。（见彩图3-1）

为金明池作词的人不少，在下不才，也曾在乘兴归家后将自己锁在书斋，试图留下些能表现出那头一等热闹的词句来。然思来想去，到底比不过仁宗朝"露花倒影柳屯田"——柳永的一支生花妙笔，他的《破阵乐》写活了金明池争标胜景，在此引来一用，请诸位细细品味：

> 露花倒影，烟芜蘸碧，灵沼波暖。金柳摇风树树，系彩舫龙舟遥岸。千步虹桥，参差雁齿，直趋水殿。绕金堤、曼衍鱼龙戏，簇娇春罗绮，喧天丝管。霁色荣光，望中似睹，蓬莱清浅。　时见，凤辇宸游，鸾觞禊饮，临翠水、开镐宴。两两轻舠飞画楫，竞夺锦标霞烂。馨欢娱，歌《鱼藻》，徘徊宛转。别有盈盈游女，各委明珠，争收翠羽，相将归远。渐觉云海沉沉，洞天日晚。

争标过后，皇上赐宴群臣，此时百戏上演，水傀儡[1]、水秋千[2]戏于水波之上，岸边乐声同样大作，好像世间所有的欢喜都凝在这一处放出华彩来。大俗大雅，我是同样地喜欢。宜春苑的清雅，与好友共享最妙；金明池的喧嚣，则适合自己独品。我会寻个茶坊坐下，细细品一壶春茶，笑看锦绣盈都，华光满目，东京人简单的快乐尽在眼底。待日暮之后，才徐徐归去。进到顺天门内，华灯初上，东京的夜晚，好戏却刚刚开始。

1　一种水上木偶表演技艺。

2　水秋千立在船头上，表演的人随秋千摆动，和水面平行时突然翻筋斗跳入水中。

五个男人和他们的城

　　看罢花灯，品过花酒，赏足春光，甲午年的这头一个月，我们粗粗领略了东京城的欢天喜地，是时候休息会儿了。请允许我按一下暂停，然后把进度条往回拉，一直拉到 0∶00 去。在北宋转过身，从战国数起，聊聊一千好几百年的漫长岁月里，与这座城池纠缠不清的五个男人。是他们一手打造了这座北宋王都的格局和气度，让它在经历几个轮回的起伏跌宕后，终于攀上历史的巅峰，然后重重跌下。

　　中国的城市，尤其是首都，总逃不过一个无奈的轮回。帝王好不容易建了一座城，那个宫殿迤逦，那个前朝后寝、左祖右社、中轴线，妥妥帖帖，那个车水马龙、摩肩接踵，结果王朝更替时被下一拨帝王要么纵火，要么放水，要么拆除，毁得一干二净。有原址上身残志坚从头再来的，也有索性化为废墟专供文人来凭吊怀古的。荒凉和空旷，加上历史变化无常的佐料，很容易催生出些诗词歌赋来。

唐朝的文艺青年也喜好结伴旅行。据杜甫回忆，天宝三载，他曾和李白、高适一起去最早在开封建都的魏国大梁城遗址访古。那时候啊，酒必须是喝好了，哥儿仨登上吹台。[1] 放眼望去，萧瑟遍地，年轻的心于是起伏不定，被排山倒海的沧桑感瞬间击中。到老了，忆及少年时的旅行，杜甫挥笔写道："忆与高李辈，论交入酒垆。两公壮藻思，得我色敷腴。气酣登吹台，怀古视平芜。"《新唐书·杜甫传》里引了这件事，后面加上四个字，"人莫测也"。然而从高适的诗《古大梁城》里推测，吹台早已不复存在："全盛须臾那可论，高台曲池无复存。"杜甫登的究竟是不是吹台姑且不深究，但他成功拥有了一颗怀古的心。

而真正的古，是大梁城废墟背后颓唐站着的那位少时清醒睿智、老了糊涂可笑的魏惠王。

再多繁华，也会在须臾之间尽数毁去。即便你是当初志得意满的魏惠王，也料不到最后的结局。公元前364年，魏惠王将国都从安邑（在今山西省夏县境内）迁到仪邑，将其命名为"大梁"，魏惠王因此又得了梁惠王这个名号。"孟子见梁惠王"的事件发生地，便是在当时极尽繁华之能事的大梁城。大梁城周长三十余里，耗了三十万人力筑就，

1　吹台，相传是春秋时著名音乐家师旷鼓乐之台，汉梁孝王后来翻修此台，并常在此欣赏音乐。

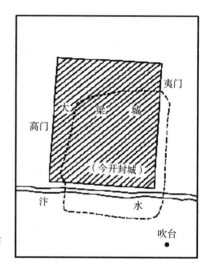

图4-1　大梁城平面示意图
（李长傅《开封历史地理》，商
务印书馆，1958年）

城墙有如今的四层楼那么高[1]，共有十二座城门。我们可以
稍微留意一下东边的夷门——昔日赫赫有名的战国四公子
之一、信陵君无忌窃符围魏救赵时，帮他忙的那个夷门监
侯嬴，守的便是这座门。

　　眼光独到的魏惠王还着手水利建设，他开挖中国历史上
最早的人工运河系统鸿沟，从"荥阳下引河东南为鸿沟，以
通宋、郑、陈、蔡、曹、卫，与济、汝、淮、泗会；于楚，
西方则通渠汉水、云梦之野，东方则通鸿沟、江淮之间"，[2]联
系黄河水系和淮河水系，使大梁四通八达。辅以宽松的商业

1　〔汉〕司马迁《史记·穰侯列传》记载："以三十万之众，守梁七仞之城，汤、
　　武复生，不易攻也。"

2　〔汉〕司马迁《史记·河渠书》。

环境和适当的货币机制，大梁乃至魏国的经济昌盛，风头一时无两。到了魏襄王时期，大梁城已经"地方千里……人民之众，车马之多，日夜行不绝，輷輷殷殷，若有三军之众"。[1]

鸿沟给了大梁生命，却也终结了它的生命。一百四十年后的公元前 225 年，秦始皇统一的车轮碾轧到了魏国，秦将王贲久攻大梁不下，索性毁坝决堤灌城。水围大梁三月后，城破国亡，大梁从此走上没落之路。带着原址的一片废墟，它是秦时的浚仪县，百无聊赖走到汉朝，变成陈留郡的一分子，迎来了汉武帝的叔叔，窦太后最宠爱的小儿子梁王刘武[2]，可他来了不久便嫌弃这儿潮湿，跑到别处建都了。还迎来了太史公司马迁到此访古，慨叹秦一统天下是天所命，在《史记》里发了通感慨，也走了。又走来了那个才华横溢的曹植，公元 227 年，他被封为"浚仪王"。

再往前走，进入东魏，把陈留郡治挪到浚仪来，又给它安了个名，叫作梁州。后来魏国狂放男阮籍也来过，他来的时候已经是"绿水扬洪波，旷野莽茫茫。走兽交横驰，飞鸟相随翔"，[3]野趣丛生，胜景全无了。疯疯癫癫的魏晋好不容易过去，吵吵嚷嚷的南北朝又来了。公元 576 年，北周终于灭了极品北齐，收了梁州，看到城边有条汴水，心

1 〔汉〕司马迁《史记》卷六十九《苏秦列传第九》。

2 又称梁孝王，以善待文人而广为人知，所以唐朝文艺青年都爱缅怀他。

3 〔三国〕阮籍《咏怀诗·二十》。

想就叫汴州好了。朝代和皇帝换来换去，名字换来换去，像玩儿一样，再淡定的城，恐怕心多少也累了。

直到唐德宗建中二年（781），永平节度使李勉来了。李勉是个实在人，一生出将入相，曾位极人臣，仍能保持刚直不阿、清正廉俭的秉性，还是个一流的琴家和斫琴师，所斫的响泉、韵磬，谁要都不给。到了汴州，他可没有文绉绉地作诗，也没有虚头巴脑地怀古，而是踏踏实实再造这座城市。李勉来的时候，汴州城因为隋炀帝挖的那条京杭大运河焕发了第二春。交通，都是交通。交通能带来人流和商流，也能为前线的战士源源不断输去粮草。由于汴河在漕运上的便利性，汴州城不管是在军事上还是经济上，都夯实了它中原重镇的地位。韩愈盛赞汴州："屯兵十万，连地四州。左淮右河，抱负齐楚。浊流浩浩，舟车所同。故自天宝已来，当藩垣屏翰之任，有弓矢铁钺之权，皆国之元臣，天子所左右。"[1]

李勉做汴州刺史时，汴州城因为商旅云集，已经十分拥挤了，扩建势在必行。且各路藩镇彼此勾结，与朝廷为敌，基于军事的考量也应加固城墙。李勉对汴州城的重筑又称"筑罗城"，[2] 他做了两件事。一、修筑外城，外城周长二十里一百五十五步，有七座城门。他把节度使衙署迁来，

1　〔唐〕韩愈《送汴州监军俱文珍序》。

2　《旧唐书·列传第八十一》之"李勉"。

放在城内北偏西处，周围砌上周长四里的城墙。二、把汴河圈进汴州城内，使江南运来的物资能在汴州城内中转，并在汴河与南北干道交叉处修建了一座桥，叫作汴州桥，这里是货物运输分段管理的边界。军事上，藩镇被大规模的修城震慑和抵御；经济上，汴河的重新规划改善了漕运交通，促进了汴州城后续的经济发展。

汴州城自此上了快车道，沿途经过后梁朱全忠（907）、后晋石敬瑭（936）、后汉刘知远（947）、后周郭威（951），短短四十年，积下四朝国都的傲人简历。汴州，其时已是东京城，一路昂首阔步地迎来了后周世宗柴荣，用他的手，坚定地绘下了自己最美的轮廓。

说起后周世宗柴荣，这位皇帝在我看来几乎是个完人。他并不是后周太祖郭威的亲生儿子，却凭实力坐实了自己的王位。在位短短六年，留下文治武功赫赫功绩。司马光评价道："若周世宗，可谓仁矣！不爱其身而爱民；若周世宗，可谓明矣！不以无益废有益。"[1] 就连夺走他江山的赵匡胤对这位前主子也一直心怀敬意。如果柴荣不是三十九岁便英年早逝，历史会怎样书写？可惜，历史不允许假设。

作为五代十国时期最杰出的皇帝，柴荣除了长得帅、性格好、会打仗、会治国、重民生之外，对城市规划也颇

---

1 〔宋〕司马光《资治通鉴·后周纪三》。

有研究。柴荣即位时，东京已是违章建筑横行的城市，居
民不断侵占街道建造自己的房屋，使得道路更加狭窄，大
部分道路不过十几到二十几步宽，连皇帝的车都过不去。
整个城市拥挤不堪，同时人口又在不断增长，原有的城市
规模已经无法满足发展的需要。柴荣下决心改造东京城，
以彰显其帝都正统。后周显德二年（955）四月，他颁布了
建筑外城的诏书，曰：

> 惟王建国，实曰京师，度地居民，固有前则，东
> 京华夷辐辏，水陆会通，时向隆平，日增繁盛。而都
> 城因旧，制度未恢，诸卫军营，或多窄狭，百司公署，
> 无处兴修。加以坊市之中，邸店有限，工商外至，络
> 绎无穷，僦赁之资，增添不定，贫乏之户，供办实多。
> 而又屋宇交连，街衢湫隘，入夏有暑湿之苦，居常多
> 烟火之忧，将便公私，须广都邑。宜令所司于京城四
> 面，别筑罗城，先立表识，候将来冬末春初，农务闲
> 时，即量差近甸人夫，渐次修筑，春作才动，便令放
> 散，或土动未毕，即次年修筑。今后凡有营葬及兴窑
> 灶并草市，并须去标识七里外，其标志内候官中劈画，
> 定街巷、军营、仓场、诸司公廨院，务了，即任百姓
> 营造。[1]

1　〔宋〕王溥《五代会要》卷二十六之"城郭"。

这份诏书首先阐述了改扩建的重要性。于公，作为都城，东京就得有都城的样子；于私，现下军营、公署建设都是必要之举，原来坊市中店铺有限导致租费攀升的问题也需要解决。居民生活条件也亟须改善：现在屋子都建得连绵成片，导致夏天暑湿，火灾频繁，再不改造都有性命之忧了。在说明"将便公私，须广都邑"后，柴荣进一步阐明扩大城市用地的具体规划，即在旧城之外新建罗城，新建的城墙周长达到四十八里二百三十三步，相当于原来的四倍。规划之后，柴荣不忘列明具体实施措施，包括人员安排——等到农闲时方差遣人夫依次修建，春耕开始后，再解散施工队伍各自劳作，如果当年修不完，可以拖到第二年再来修筑——对民生的体恤可见一斑；时序安排和用地布局——坟墓、窑灶、草市都在新城墙标识七里之外，新城墙标识内官府规划好街巷、军营、仓场、官署所用的地段以后，百姓可以自己建造房屋，给予民众的自由度相当大。就此，东京城外城、内城、皇城三重城池的格局终于形成。其中皇城在原宣武军节度使治所基础上修建，内城是唐汴州的州城，外城则由柴荣一手打造。

新城墙于显德三年（956）正月开工修筑，由大将韩通督工建造。韩通这人耿直，赵匡胤黄袍加身后，后周臣子惟韩通一人拼死反对。性子刚烈如韩通，修筑的城墙也如他本人一般，坚固如铜墙铁壁。这样的城墙直到后来蒙古攻打金国时，即使受到炮击，也只是凹下去一块而已。城内的道路则由柴荣手下的重臣王朴亲自督建。王朴和柴荣一样，都是务实派，上至安邦定国、提出"先南后北"的统一策略，下到研究天文历法、音乐定调，乃至亲力亲为监督东京的拆迁修路，他样样都行，"凡通衢委巷，广袤之间，靡不由其心匠"。[1] 即使在古代，拆迁工作也是很难推进的。百姓不配合，朝廷的压力也很大。甚至有官员因为拆迁不力而被当街杖打至死。可是一国之都总得有个样子，于是显德三年六月柴荣下了宣传拆迁政策的诏书，写得那叫一个苦口婆心、循循善诱：

> 辇毂之下，谓之浩穰，万国骏奔，四方繁会，此地比为藩翰，近建京都，人物喧阗，闾巷隘狭。雨雪则有泥泞之患，风旱则多火烛之忧，每遇炎热相蒸，易生疾疹。近者开广都邑，展引街坊，虽然暂劳，终获大利。朕自淮上回及京师，周览康衢，更思通济，千门万户，靡存安逸之心，盛暑隆冬，倍减寒燠之苦。其京城内街道阔五十步者，许两边人户，各于五步内，取便种树掘井，修盖凉棚。其三十步已下至二十五步者，各与三步，其次有差。[2]

---

1 《旧五代史·周书十九·列传第八》之"王朴"。
2 〔宋〕王溥《五代会要》卷二十六之"街巷"。

这份诏书不仅重新念叨了一遍城市改造的必要性，还对道路等级和绿化提出了要求。柴荣将街道按照宽五十步、三十步和二十五步分为三个等级，并允许民众在道路退线范围内自行绿化。柴荣对城市建设的松弛之道，可谓见解颇深。在一切都部署完之后，他还对身边的人说："这样的事情早晚都得做，而这样做的好处几十年后大家都会看到。"事实证明，几百年后，我们仍然看得分明。宋东京在城市建设上的辉煌，几乎完全建立在柴荣即使用现代观点看来也颇具远见的改造基础之上。

陈桥兵变，赵匡胤黄袍加身，却没有遵照我国惯例毁掉前朝首都，而是安安静静地接手住了下来。但他并不打算长期定都于此，而是把目光投向历史悠久且有天险围护的数朝国都长安和洛阳，"吾将西迁者无它，欲据山河之胜而去冗兵，循周、汉故事，以安天下也"。然而就算是皇帝也不能全凭自己意志行事，不光满朝文武几次三番反对，晋王兼开封府尹赵光义更是跪在兄长面前，用"在德不在险"五个字生生把赵匡胤迁都的念头堵了回去。太祖只能在赵光义出去后对左右说，"晋王之言固善，今姑从之。不出百年，天下民力殚矣"。[1]赵光义的小九九昭然若揭。洛阳，是他的王位竞争对手、侄子赵德芳的地盘，开封，却是他赵光义苦心经营的大本营。赵光义任开封府尹长达

---

1 《宋史全文》卷二。

十五年，直到斧声烛影或所谓"金匮之盟"之后承了帝位才离任，是任职时间最长的开封府尹。

　　开封府原址于五代后梁开平元年（907）兴建，自此汴州改名为开封府，第一任府尹柴荣，第二任府尹便是赵光义。说起开封这个名字，并不是没头没脑冒出来的。话说北宋年间，梅尧臣也曾路过一片断壁残垣，自然，他也写了一首诗，在我看来虽不甚动人，却足够纪实："荒城临残日，鸡犬三四家。岂复古阡陌，但问新桑麻。颓垣下多穴，所窟狐与蛇。汉兵坠铜镞，青血为土花。"荒城、残日，三四家人零星，多穴颓垣，动物在里面安家。这座颓唐的荒城便是昔日的启封。[1]

　　启封城的兴起得益于春秋末年各国的新城建设狂潮。当年郑庄公虽仅位列小霸，却也不甘人后，加入了新城建设队伍。他见到这块土壤条件好、交通条件好的土地，于是在此圈地为城，同时"思启封疆以利社稷"，为其命名为"启封"。[2] 到了汉朝，启封因避汉景帝刘启的名讳，更名为开封。开封县治于唐睿宗延和元年（712）移至汴州，原县址降为附郭县，后逐渐废弃，到了宋代已经是一片废墟了。宋朝初年，索性把开封这个名字彻底冠到汴州头上。这笔关于东京、开封、汴州等名字的乱账，也不知道在这里说

1　如今开封城南 25 公里处的朱仙镇古城村。
2　《左传·成公八年》。

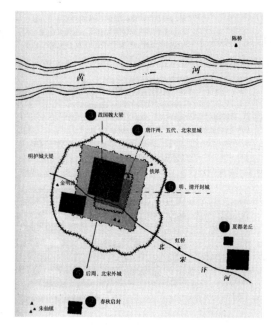

图4-2　开封城址变迁图（李路珂《古都开封与杭州》，
清华大学出版社，2012年）

明白没有。

　　至于最后一个男人，那位更适合被称为艺术家的宋徽宗赵佶和他重新塑造的东京、那烟雾弥漫犹如仙境的艮岳、那落在宣德门城楼屋脊上的仙鹤，关于他和他奢侈的梦境，我想留到最后说。盛放后常是萧条，高潮后总是落寞。谁也无力一手造就一切。也许并不是他让东京告别，而是东京决定与他告别。

官

对于小说与史实不符这件事，我们大可不必太较真，毕竟以讹传讹是常有的事。比如，《七侠五义》捧红了头顶小月牙的包青天，但其实包拯只在开封府当了一年半的府尹而已。他清廉刚正，确实是个好官，可《七侠五义》里的情节自然多属虚构。再比如，大家都熟知的"狸猫换太子"的故事是个张冠李戴的编排，所谓心肠歹毒的刘太后其实身世曲折、心思仁慈，还颇有治国之才，对仁宗生母李宸妃一直都善待有加。这位刘太后的身世完全值得大书特书，不知道为什么小说和电视剧都放过了这一绝佳素材。

刘太后本名刘娥，四川姑娘。十六岁那年，刘娥跟随丈夫龚美离开家乡进京打工。龚美银匠出身，不仅手艺巧，社交能力也颇强；刘娥则擅长击鼗[1]，鼓词也唱得好，在当时小有名气。夫妻俩在东京城的小日子过得有声有色。龚

---

1 即拨浪鼓。

美见襄王府[1]选姬，竟将妻子刘娥包装成表妹，托关系送进王府，这对市井匠伶夫妇的命运从此被改写。刘娥本就美貌聪慧，和赵恒迅速如胶似漆。后被太宗知晓此事，龙颜大怒，迅速为赵恒选了另一位被小说抹黑的苦主——潘美的女儿做王妃。刘娥被送出王府，偷偷摸摸过了十五年，直到赵恒即位才进宫，自此得百般恩宠，直到母仪天下。

真宗在位后期，身为皇后的刘娥已经开始帮忙处理朝政。她不像一般得宠后妃那般爱金银珠宝、华服美裳，上演宫心计，而是勤于学习，熟读史书，佐政之才得到真宗的充分认可，真宗去哪儿都要带上她才安心。仁宗赵桢即位后，太后刘娥在承明殿垂帘听政长达十年，"帝与太后五日一御承明殿，帝位左，太后位右，垂帘决事"。[2]虽流连数年不愿还政，她却到底没生出武则天君临天下的心，对不是亲生的仁宗也十分照拂。当初仁宗即位，刘太后曾对辅佐的大臣说："皇帝听断之暇，宜诏名儒讲习经史，以辅其德。"[3]于是设幄于崇政殿西庑，日命近臣侍讲读。

明道二年（1033）二月乙巳这天，自知命不久矣的刘太后身穿简化版的天子衮衣，头戴仪天冠，步入太庙行祭典初献之礼，并在太庙文德殿接受了一串尊号：应天齐圣

1　襄王即后来的宋真宗赵恒。

2　《宋史·列传第一·后妃上》。

3　同上。

显功崇德慈仁保寿皇太后。在这场华丽到极点的告别后，刘太后彻底还政于仁宗，同年三月，病逝于宝慈殿。刘太后故去后，仁宗在皇仪殿似乎是故意向群臣哭诉："母后去世前拉着我的衣服不放，这是为什么呢？"参知政事薛奎进言道："那必是太后不愿意穿着天子的服饰下葬所致。"于是刘太后身上的天子服饰被换成了皇后的官服，带着章献明肃皇后的谥号下葬于永定陵。

为什么用一千多字介绍刘娥的一生？并不是为了凑字数。相信我吧！当你像我一样，徐徐打开《宋史·地理志》，或者是《宋会要辑稿·方域》《东京梦华录·大内》，面对着一长串宫殿名称时，除非你是专业历史学者或者考古工作者，否则，你都会情不自禁地问自己："所以呢？"知道这些宫殿叫什么名字，在皇城西北角还是东南角对我的人生有什么好处？然后迅速掩卷去看小说里的快意恩仇。

但是当地点和人物、事件联系起来就不一样了。于是我选择了一个比较丰满、有看点的人物追了下去。这位有故事的女人、垂帘听政十一年的刘太后，住在宝慈殿，在承明殿一坐就是十年。为什么不是十一年？因为明道元年（1032）某个月黑风高的夜晚，大宋禁中着了一场大火，把连同承明殿在内的八座宫殿烧了个精光。仁宗任命宰相吕夷简为修葺大内史，重新修建宫殿，并因此将诸殿的名字都改了。这次修缮工程花了二十万缗钱，也就是二十万两银子[1]。

承明殿，只不过是皇城大内近百座宫殿中的小小一隅。刘娥头戴龙凤花钗冠，交领大袖花锦袍服的裙裾曾扫过殿内的金砖，而在皇城内鳞次栉比的宫殿里，阳光曾慷慨地抚摸过那些华贵的琉璃筒瓦，清秀的绿色屋顶绵延巍峨，皇家的威严曾徘徊在连廊里、盘龙廊柱间。当承明殿、宝慈殿、皇仪殿、大庆殿、紫宸殿……随着朝代更迭化为尘土掩于地下，我们却还能从史书的蛛丝马迹里依稀想象，仿佛砖瓦片片重塑，历史重演。赵匡胤端坐福宁寝殿，把百官全都叫来训话："你们看看，你们看看！朕的心思就像朕的宫殿一样端正！"[2]穿着紫袍子，腰上挂着金鱼袋的王安石黑着脸走下紫宸殿台阶，刚和他吵了一架的司马光在他身后满脸不屑；那年苏轼还年轻，正在文德殿上奋笔疾书；往后走，延福宫里看见了赵佶和蔡京，赵佶摊开了王希孟的青绿画卷，大好的《千里江山图》他挥挥手赐给蔡京。

我们多少都知道，从周王朝开始，历代都城的建设都

1 《宋史·地理志》："明道元年八月，修文德殿成。是夜，禁中火，延燔崇德、长春、滋福、会庆、延庆、崇徽、天和、承明八殿，命宰相吕夷简为修葺大内使，枢密副使杨崇勋副之，发京东西、河北、淮南、江东西路工匠给役，内出乘舆物，左藏库易缣钱二十万助其费，以故改诸殿名。"

2 〔宋〕叶梦得《石林燕语》载，宋太祖重建开封皇宫时，下令"凡诸门与殿须相望，无得辄差，故垂拱、福宁、柔仪、清居四殿正重，而左右掖与升龙、银台等诸门皆然，惟大庆殿与端门少差尔。宫成，太祖坐福宁寝殿，令辟门前后，召近臣入观。论曰：'我心端正如此，有少偏曲处，汝曹必见之矣。'"

是有规制的。"匠人营国，方九里，旁三门。国中九经九纬，经涂九轨，左祖右社，面朝后市，市朝一夫。"[1] 即使难免会遇到地理上的限制，但帝王们总是希望能合乎祖制，以证明自己取得政权符合正统。体现在宫殿的规划建设上，若是面对一片大空地，自然是尽恢宏之极致，以彰帝威之磅礴。秦始皇的阿房宫仅前殿就有 0.55 平方公里，是明清整个故宫（总面积 0.72 平方公里）的三分之二那么大；汉未央宫占地面积 5 平方公里；唐大明宫占地面积 3.5 平方公里。北宋皇城、宫城是为同一城，据《宋会要辑稿·方域》记载："大内据阙城之西北，宫城周回五里。"据今人考证，皇城南北长约 690 米，东西宽 570 米，周长约 2520 米，总占地面积约为 0.4 平方公里。[2]

　　由于宋太祖赵匡胤并未循惯例毁掉前朝都城，因此皇城并非起自平地，而是在唐宣武军节度使的府衙基础上扩建而成。五代时期这里虽也是皇宫，但那些短命王朝只是略有建设而已，真正的大兴土木，还是从太祖建隆元年（960）开始的。他下令仿照洛阳宫殿的模式建造，整个扩建工程历时四年，从此皇宫才有了壮丽之气。太宗雍熙三

1　《周礼·考工记》之《匠人营国》。

2　北宋皇城规模现在有两种观点，一是周回五里说，宫城皇城合一，面积约 0.4 平方公里（丘刚）；一为周回九里十三步说，皇城与宫城分开，皇城南北长约 900 米，东西宽 1580 米，面积约为 1.35 平方公里（李合群）。本文取周回五里说。见丘刚、董祥《北宋东京皇城的初步勘探与试掘》，《开封考古发现与研究》，郑州：中州古籍出版社，1998 年。

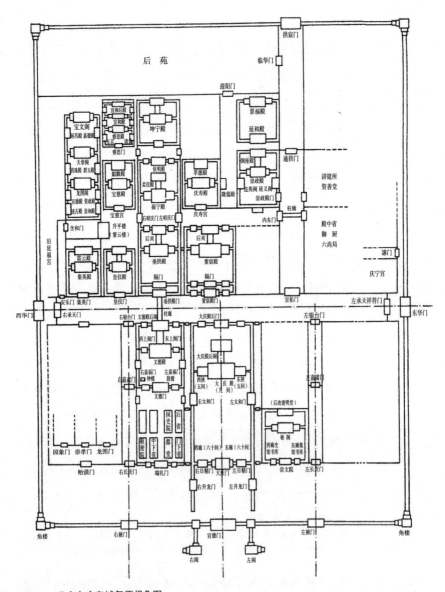

图5-1　北宋东京皇城复原想象图
（傅熹年《山西省繁峙县岩山寺南殿金代壁画所绘建筑的初步分析》，《傅熹年建筑史论文集》，
文物出版社，1998年）

年（986），太宗还想再扩建皇城，可是居住在周围的民众都不愿意搬迁，也就只能作罢了，皇城规模止步于周回五里。[1] 真宗大中祥符五年（1012）正月，下令"砖垒皇城"，使皇城成为东京城内唯一的砖城。[2] 徽宗政和三年（1113），在皇城北部拱宸门外扩建了延福宫，皇城规模达到了巅峰。

北宋皇城略呈方形，位置在全城的中央略偏西北，共有六个城门。东有东华门，西有西华门，北边则是拱宸门；在南边三门中，上元节时最热闹的宣德门，被左掖门和右掖门一东一西夹在正中间。宣德门一开，正对的是大庆门，大庆门两边两扇门，曰左右升龙门。其中宣德门只允许车马通过；平日里上早朝的话，官员们只能顺着左、右掖门大街北行，走到东西华门大街，然后再通往所需宫殿；而左、右升龙门则仅供官员们出入大庆殿使用。以东西华门大街为界，皇城分为南北两大部分，南为外朝，设有重要官署，北为内廷，又称禁中。而连接拱宸门与宣佑门的街道又将禁中分为东西两大部分，西区为皇帝及其家族日常起居办公之地，分布有各大宫殿，东区则为殿中省、御厨、六尚局等内廷管理机构的分布地。

穿过大庆门，迎面便是大庆殿。大庆殿为"工"字形

1　《宋史·地理志》："建隆三年，广皇城东北隅。……雍熙三年，欲广宫城，诏殿前指挥使刘延翰等经度之，以居民多不欲徙，遂罢。宫城周回五里。"

2　〔宋〕李焘《续资治通鉴长编·卷七十七》："是月（大中祥符五年正月）诏以砖垒皇城。"

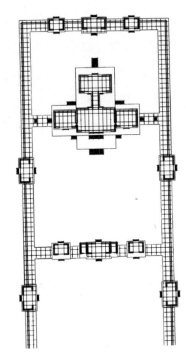

图5-2　大庆殿平面示意图
（郭黛姮《中国古代建筑史》第
三卷，中国建筑工业出版社，
2009年）

宫殿，面阔九间，两侧有东西挟殿各五间，东西廊各六十间。它坐落于中轴线上，是整个皇城中最高大也是最重要的大殿。隋唐以来，帝王的办公场所一般分为大朝、日朝和常朝三个层次：大朝是冬至、元旦大朝会的场所，日朝是皇帝每月初一和十五接见群臣的场所，常朝则是皇帝日常办公之所。大庆殿便是北宋皇城的大朝。但凡冬至、元旦举行大朝会，这座可以容纳万人的大殿里站满了文武百官和外国使臣，"玉殿鸣鞘传警跸，彤庭委佩集簪绅"。[1]冬至朝贺之时，皇帝举起第一盏酒，皇家乐队奏响庄严的乐曲："乾坤顺夷，皇有嘉德。爰施庆云，承日五色。轮囷下垂，万物皆饰，维天祚休，长被无极！"[2]臣子们向皇帝山呼万岁地跪满一地，龙椅上端坐着天威不可侵犯的皇帝，他冠冕后的面容也不知有谁能看得分明。

但有一点可以肯定，这么大的宫殿，又没有暖气，他们一定都冻坏了。

皇宫嘛，无非是宫殿连着宫殿，再被一圈围墙关起来。一个皇帝走了，下一个皇帝又急匆匆地坐上龙椅；妃子们在后宫环佩叮当，逐年累加；外加那些王子公主，一茬又一茬，生生不息；大臣们来来往往，可认真不得——别看您今年高升，明年可能又被贬到天涯海角去了。除非是赵普那个老滑头，连王荆公也免不了在江宁府终老。支撑皇宫运转的，是皇权威严下一大票禁军、太监、宫女每日的忙碌劳作，是国库源源不断拨的款项，是大宋王朝还好端端延续着，即使要向大辽弯一下腰。要知道，一个王朝如果毁灭，此朝的皇宫也就没有了存续价值，就算新人不放火烧掉，也会在遗忘中披上风沙，化作废墟了。因此，今

1　〔宋〕司马光《和次道大庆殿上元迎驾》。

2　〔宋〕王珪《皇帝冬至御大庆殿举第一盏酒三庆云之曲》。

人对旧城的不珍惜几乎是有历史原因的：那些戳不上自己印记的，管它再华美无匹，跟我有什么关系！

以往汉唐史书里记载自己的皇宫大殿，多会描述宫殿台基的高峻以彰显其规模，唯独宋代没有留下关于宫殿台基的只言片语，仅称大庆殿有龙墀、沙墀[1]之制而已。宋代的建筑，不知因何缘故一扫唐风的雄浑大气，变得精巧内敛起来。

宋人是文静聪慧的，讲究生活况味的。大宋的宫殿是内敛的、秀丽的、富有层次的，屋脊和屋角都要优雅地轻轻翘起，连屋顶的颜色都要加上灵动的青翠，不知道多妥

图5-3　《营造法式》插图中的格扇
（〔宋〕李诫《营造法式》）

1　即宫殿用丹砂涂制的台阶。《宋史·礼志十九》："陈舆辇、御马于龙墀，伞扇于沙墀，贡物于宫架南，余则列大庆门外。"

帖。崇宁二年（1103），将作监李诚组织编撰的《营造法式》问世了，共34卷357篇3555条记录，总结了当时的建筑设计和施工经验，将那些令人瞠目结舌的建筑细节摆在我们这些后人眼前。那些大木作、小木作、竹作、泥作、瓦作、彩画作……光格子门的一张门框就有七八种样式，彩画中每一朵花的每一片花瓣都要经过由浅入深、四层渲染才能算完工。

北宋皇宫是一片怎样的园子呢？王安石曾经写过一首很哆的诗，细细描写了他眼里的大内："娇云漠漠护层轩，嫩水溅溅不见源。禁柳万条金细捻，宫花一段锦新翻。身闲始更知春乐，地广还同僻世喧。不恨玉盘冰未赐，清谈终日自蠲烦。"[1] 朝堂之上唇枪舌剑、风云变幻，心自然是累透了的。走出崇政殿殿门，把那些吹胡子瞪眼和自己吵架的老头子抛在身后，看着眼前娇嫩的花花草草，把宫殿渲染得是那么赏心悦目，王荆公忍不住停下脚步，抬起头来。那是宫内一个稀松平常的春日，他看到头顶碧蓝的天，片片云朵徐徐移动在天际，云朵下连绵不绝的宫殿似乎看不到边缘。这里，便是他每日必须来报到的战场了。

王安石们的每一天，都是从黑灯瞎火的四更天开始的。

欧阳修曾经无不哀怨地写道："十里长街五鼓催，泥深

1　〔宋〕王安石《崇政殿详定幕次偶题》。

雨急马行迟。"[1] 每天天还没亮，那些四更就已起床、睡眼惺忪的官老爷，要么骑马，要么坐轿，纷纷从自己居住的外城经过一路跋涉至禁门外。宰执[2] 以下的官员需用白纸写上自己的官位，贴在灯笼上，由随从举着便于辨识，以避免夜间执勤士兵产生误解。这种官僚们举着灯笼大批聚集在皇城门口的情景，一度被称为"火城"。到了皇城口，官员们会进入待漏院稍作休息。

待漏院是一片十余间形态细长的房子，按照官职不同划分为不同区域。据王禹偁《待漏院记》记载，宰相的待漏院位于宣德门右侧。为了显示身份尊贵，宰相往往是"火城"最后到达的那一个，他会在自己的房间里燃上蜡烛，处理一段时间公务。在待漏院等急了的官员们还可以得到供应的酒水、水果和各类早点。不仅有官府盖了间小屋专门供应，嗅觉灵敏的东京小贩们更不会放过此等大好商机。于是待漏院门口"灯火、人物、卖肝夹粉粥，来往喧杂"，[3]比现代都市早晨忙碌的地铁口更甚。

五更天后，钟楼的钟声响起，通知日出。一百响之后已是卯时一刻，此时禁门开启，百官入朝。[4] 平日里百官和

1　〔宋〕欧阳修《集禧谢雨》。

2　宰执即为宰相与执政的统称。宋朝宰相称为"同中书门下平章事"，简称"同平章事"，副宰相称为"参知政事"，也叫"执政"。

3　〔宋〕潘汝士《丁晋公谈录》。

4　《宋史·律历志·漏刻》："常以卯正后一刻，为禁门开钥之节，盈八刻后，以为辰时。"

皇帝上班的"朝"，发生在三朝中的日朝和常朝。

　　北宋皇城被连接东西华门的东西横街分为外朝和内廷两部分。其中外朝区几乎是被等分为五个长方形，正中间的长方形便是大朝大庆殿组团。作为日朝的文德殿，并非和大庆殿一起位于中轴线上，而是被摆在了大庆殿的西北面。在大庆、文德二殿以北，隔着东西横街的内廷区中，坐落着北宋前期作为日朝、后期退为常朝的紫宸殿，以及常朝垂拱殿。垂拱殿通过柱廊与文德殿相连，以便于日朝与常朝之间的联系。垂拱殿往西走便是大内许多重要事件的发生地集英殿、皇仪殿、崇政殿。再往北去，便是皇家居住区——内廷了。（见彩图 5-1）

　　禁门开启，百官鱼贯而入，垂拱殿的常朝朝会马上开始。宋真宗即位之初，每天都要御临垂拱殿，接受中书、枢密院、三司、开封府、审刑院和请对院的奏事，到辰时后才可以退回宫中用早饭。垂拱殿殿外庭中立有石位，供各位大臣立班。分班起居[1]之后，需要奏事的官员们再依次进殿面奏。

　　在垂拱殿朝会召开的同时，另一群苦不堪言的常参官[2]则正在文德殿苦苦守候着宰相的到来。文德殿虽然是名义上的日朝，若严格按照旧时传下的礼制，皇帝应该每天都

1　即群臣向皇帝跪拜。

2　指不处理具体事务的朝臣。

来视朝，但是执行起来完全不是这么回事。除了月朔举行入阁仪式时来文德殿接见一下群臣外，平时皇帝并不出现。于是只有待到垂拱殿的常朝结束了，负责押班[1]的宰相来到文德殿，群臣列队面对面站好，宰相宣布一声"皇帝今天不来啦"，这个无所事事的朝会才能算结束。

由于垂拱殿朝会辰时才能结束，常参官们往往要等待两个小时之久才能熬到宰相来放班。于是文德殿在殿前东庑贴心地设了幕帐，备好各类"假寐"设施，包括连榻、冬毡、夏席等，供诸位苦闷的官员小憩。日子久了，连宰相也懒得来赶场押班，改由御史台负责放班，本来就十分厌烦这个仪式的常参官们更加懒得来了，到最后出席文德殿日朝的官员零零散散，剩不下几人。这一纯粹形式化的日朝仪式直到神宗元丰四年（1081）才宣告取消。

宫里的生活，可不像电视剧里演的那么轻松浪漫。不管是当官还是当皇帝，都不是件省心差使。要当一个好皇帝，恐怕很难抽出时间来和妃子们谈恋爱。垂拱殿朝会结束后，皇帝退到便殿——如延和殿、崇政殿——坐殿，换下朝服，轻装上阵，召见宰辅、枢密使等重臣议事。虽然坐殿并不需要每天都来，逢假期皇帝可以稍作休息。但勤奋皇帝如宋真宗，在辰时用过餐之后，还要再去后殿视察一下诸司事务，或者是检阅军士的武艺直到中午，晚上还

1　朝会监督。

要招来臣子询问得失，有时候直到夜深才能回宫。[1]皇帝在御前召见大臣，不似朝会时需要遵循诸多礼节，臣子们往往还能坐下喝口茶吃些零嘴，和皇帝商议国是。因此许多重大历史事件，反而是在便殿里发生的。

治平四年（1067）闰三月的某一天，初即位的神宗在便殿和宰执议事。起因是王安石服丧之后，一直称病不出，神宗不知他是真病还是不恭，于是拿来咨询宰相曾公亮和参知政事吴奎。曾公亮认为王安石德才兼备，是真正的辅相之才，绝对不会故意装病不出；参知政事吴奎评价王安石办事不切实际，争强好胜，如果用了必将紊乱纲纪。[2]宰执之间意见相左，皇帝不置可否，于是吴奎又重申了自己的观点。过了不久，皇帝显然有了定夺，还是诏王安石知江宁府，大家本都猜测王安石这回肯定又称病辞官，结果人家居然真赴任去了，又引来一番臣子间的嘴仗就不细说了。

《宋史》还为便殿的君臣会留下这样一幕温馨场景。苏轼曾有一日在宫中留宿，被宣仁太后和哲宗召到崇政殿来面见。宣仁太后问他："你前年做什么官？"苏轼答道："常州团练副使。"宣仁太后又问："现在做什么官？"回答说："翰林学士。"宣仁太后问他："为什么能这么快就升官呢？"苏

1　〔宋〕李焘《续资治通鉴长编》卷四十三。

2　〔宋〕李焘《续资治通鉴长编》卷二百零九。

轼回答说："那是因为碰到了太皇太后和皇帝陛下啊！"宣仁太后说："不是。"苏轼很诧异，再三询问原因。宣仁后这才说是先帝（神宗）的意思。先帝每次诵读苏轼的文章，都会感慨这真是个奇才啊，只不过一直没来得及用他罢了。听到这里，苏轼、宣仁太后、哲宗以及左右的人都哭作一团。哭过，命苏轼坐下并赐茶，之后撤去皇帝面前的金莲烛，举烛送苏轼回翰林院。[1]

然而美景不常在。宣仁太后逝世之后，苏轼先被贬到广东惠州，之后又被贬到海南岛去了。

集英殿是皇帝举行御宴和熙宁后举行殿试的地方。《东京梦华录》及《梦粱录》都曾极度详细地描述了皇帝在此举办的寿宴。皇上过生日嘛，宰执、亲王、宗室、百官、使臣都必须集结于集英殿，给吾皇庆寿。大队人马进殿之前，只听得鸟叫声此起彼伏，原来是集英殿山楼上皇家乐团的精彩拟声表演，大家于是表示很震惊，殿内一片肃然。一番礼节走完之后，宰执宗亲和大辽、高丽、西夏的使臣们坐在正殿，其余人等在两廊依次序坐好。身着紫袍金带的教坊色长[2]二人，在殿上栏杆边开始看盏，斟御酒。

好戏这时候正式上演。寿宴全程共需斟九盏御酒，每盏御酒辅以不同的表演，包括乐器表演、歌舞表演、杂技

---

1 《宋史·列传第九十七·苏轼》。

2 教坊司管理乐工的属官。

表演、踢球表演、相扑表演……每盏酒都要宰执喝了百官喝，宰执喝时奏慢曲子，百官喝时跳三台舞。当然了，寿宴可不能光喝不吃，从第三盏起，每盏御酒都会搭配不同的下酒菜。

请容我将我大宋皇上寿宴穷奢极欲的佳肴说与诸位听：主食有米线、醋饭、蒸米饭、馅饼、肉包子；热菜有爆炒羊肉、腌羊肉、烤鹿肉和熊肉、羊肠、羊肋骨肉；汤品有羊肚汤和肉丝汤。

…………

我说过宫里的事一点都不好玩了吧？！

清明的隐情

　　清明节是春分后的第十五天。按《岁时百问》的说法："万物生长此时，皆清洁而明净。故谓之清明。"南宋陈元靓《岁时广记》引北宋吕原明《岁时杂记》道："清明前二日为寒食节，前后各三日，凡假七日。而民间以一百四日（冬至后第一百零四日）始禁火，谓之私寒食，又谓之大寒食。北人皆以此日扫祭先茔，经月不绝。"东京的寒食节是放在冬至后第一百零五日的，当天禁止生火，只能吃冷的食物。东京人还会在寒食节前一日蒸一种燕子形状的饼，饼上附有红枣。蒸好后，将饼用柳条穿起来插在门头，叫作子推燕。

　　寒食节源于对春秋时期晋国介子推的纪念。相传介子推当年跟随晋文公重耳逃亡列国，饥寒交迫之时，曾割下大腿上的肉供重耳充饥。重耳后来终于熬出头当上国君，大举封赏诸臣却惟独忘了介子推。介子推并未做任何争取，而是选择悄无声息地和母亲一起隐居深山。经人提醒后，晋文公顿觉自己大错，亲自带人去请介子推，并不惜烧山来逼他出山。介子推坚决不从，和母亲一起抱着树死去。文公心痛不已，厚葬介子推母子之余，下令以后介子推的忌日不允许生火煮饭，只能吃冷食，是为寒食。

介子推为什么如此之轴？多半是伤透了心。而对一个人的悼念是如何跨越国境和时间，变成了全国上下千年如一的仪式？这些疑问姑且不论，先说说在宋以前，清明节其实并不如寒食节重要。而正是从宋代起，扫墓的习俗才渐渐从寒食移到了清明。寒食到清明这三天内，几乎所有的东京人都要出城上坟。由于所有的新坟都需要在清明节之前拜扫完，全城的人抓紧时间往郊外跑，在冬至后第一百零五日，即大寒食那天人最多，各大城门口挤个水泄不通。卖纸马[1]的店铺都会当街叫卖自家货品，把纸做成楼阁的形状吸引人眼球，一如既往地侵占街道交通空间，给本来就堵塞的交通火上浇油。

皇宫的祭扫活动自然是要早一些的，早在半个月之前，宫里就陆续安排宫中宗亲人等祭拜皇陵。那些跟随宗亲祭拜的人很好辨认，都穿着官府准备的统一行头——紫色长衫、白绢三角子、青行缠[2]。清明当日，皇城里走出的车队却和之前有所不同，只见马车均为青色车幔、铜饰车身，

1 纸上画神像，涂上彩色，祭祀完后焚化，以此纸为神所凭依。

2 用布从膝下缠至脚踝，谓之行缠，俗称裹腿。

锦绣装点匾额,珍珠垂下帘幔,一对宫扇遮道,两排纱笼引导。这些车队是专门派去奉先寺、道者院两处拜祭诸位过世的妃嫔的。皇家把清明节留给了宫里那些凋零的女人,作为祭扫的尾声。

然而祭扫并不是清明的全部,东京郊外攒动的并非一派愁云惨雾,而是将欢度佳节的情感基调贯穿始终、舍不得放过一点兴趣点的东京市民们。实因清明也是民间俗成的踏青佳节,宋人才不会让祭扫这类事主宰自己的情绪。恰逢景色清净而明亮,春天还没到盛时,看的就是那嫩绿的景致,岂能错过?文人雅士才不嫌麻烦和拥挤,在郊外的花前李下选好一方绿地,摆好杯盘瓜果,竟然开始互相劝酒,畅饮唱歌起来。正如王诜在《花发沁园春》里提到:"此际相携宴赏,纵行乐随处,芳树遥岑。"现代人都不好意思说在清明节行乐,宋人却连避讳都懒得。

柳永在《木兰花慢》里把清明气氛写得一片妖娆,几乎都能看到他笔下的艳女们吃吃憨笑了。"拆桐花烂漫,乍疏雨、洗清明。正艳杏烧林,缃桃绣野,芳景如屏。倾城,尽寻胜去,骤雕鞍绀幰出郊坰。风暖繁弦脆管,万家竞奏新声。　盈盈,斗草踏青,人艳冶、递逢迎。向路傍往往,遗簪堕珥,珠翠纵横。欢情,对佳丽地,信金罍罄竭玉山倾。拚却明朝永日,画堂一枕春醒。"桐花烂漫,稀稀疏疏的雨洗出一片清明。红杏艳丽如火烧,缃桃像是绣在田野上一般,如此美景,好似画屏。东京人倾城出动寻找盛景。

被暖风吹过来的是管弦的声响，家家户户争先演奏的是最时髦的新声。满眼都是佳丽，满地都是遗落的珠翠，都不好意思不加入畅饮的队伍了。

东京女郎们像是在空中被冲散了，美滋滋地降落到京郊各处聚会点玩耍，直到天黑才纷纷回到城内。她们乘坐的轿子也有自己独特的标志——将柳枝和杂花作为轿顶的装饰，四面垂下枝藤，遮住轿门，循着这样的轿子找去，多半都能找到可以凑热闹的去处。待一日的喧嚣散尽，随着人群缓缓回到城里时，只见得斜阳御柳；醉兮兮回到自家院落，却见得明月掩映，梨花娇媚。东京城像这样的狂欢夜，既然连祭扫都搅不散，更何况平日里了。喜好游玩的人怕是日日都不得闲。

这样的场景，郊游也好，祭扫也罢，词里寻得，书里找得，画却只得一张《清明上河图》留到如今。北宋张择端、明仇英和清院本三版《清明上河图》里，最不热闹的竟要属张择端的原创。夹带私货的明清版本倒是精美，却看不到北宋东京城的模样了。于是我试图在宋本里寻找那些用文字描述的升平景象，却发现，这幅画里既无宴赏行乐，也无珠翠纵横，连扫墓的痕迹也只有寥寥数笔而已，让我一颗八卦的心空荡荡落不了地。

历史上关于张择端的着墨较少，仅能从金人张著在北宋亡后五十八年的题跋里窥得一二："翰林张择端，字正道，东武人也。幼读书，游学于京师，后习绘事，本工其界画，尤嗜于舟车、市桥、郭径，别成家数也。按《向氏评论图画记》云‘《西湖争标图》《清明上河图》选入神品’，藏者宜宝之。”山东诸城人张择端为了求取功名，很小便去东京城游学，却阴差阳错未求得俗世的功名，而是半路出家学了绘画，进了翰林图画院，成为一名以画界画见长的院画画师。这到底是他的兴趣使然，还是出于无奈，史书并未给出答案。然而从他留下来的画作里，似乎能够瞅见一些端倪。就好比古琴里的诸城派，风格不似广陵派的清俊，而是苍劲朴厚，从这种风骨的地方走出来的张择端，多了几分厚重。

　　据今人考证，根据画中女子的盘福龙发饰、短襦服饰以及题跋等佐证，可以判断《清明上河图》大致绘于徽宗朝崇宁到大观年间（1102—1110）[1]，其时张择端年约四十，已界不惑，风格已逐渐稳固下来。这一时期，恰逢蔡京为了讨好徽宗，提倡创作“丰、亨、豫、大”系列的文艺作品，以显太平盛世的景象。因此张择端才有契机耗时良久，绘得如此之巨作。可他都画了些什么呢？比起《金明池争标图》里的一派欢腾，《清明上河图》简直称得上是颓唐。（见彩图 6-1 ）

　　《清明上河图》辗转数人之手，一如如今转发微博加上自己的只言片语一般，留下了长长一串历任收藏者的评论。

1　余辉《张择端〈清明上河图〉卷新探》，《故宫博物院院刊》，2012 年第 5 期。

那些亡国恨还很清晰的金代遗老，全都痛心疾首。张公药诗跋："通衢车马正喧阗，只是宣和第几年。当日翰林呈画本，升平风物正堪传。水门东去接隋渠，井邑鱼鳞比不如。老氏从来戒盈满，故知今日变丘墟。楚柂吴樯万里舡，桥南桥北好风烟。唤回一晌繁华梦，箫鼓楼台若个边。"郦权的跋则写道："而今遗老空垂涕，犹恨宣和与政和。"张世积跋："繁华梦断两桥空，唯有悠悠汴水东。"听听，繁华梦断，尤恨宣和、政和，眼见画中人物事，想起来一把全是耻辱泪。

张择端画了八百一十余人，牲畜九十四头，房屋三十多座，车二十辆，轿八顶，树一百七十多棵，船只二十八艘。他用四分之一的篇幅描绘了郊野，将画面重心放在一艘快要撞上桥洞的船上（见彩图6-2），事无巨细地留下各类小商铺和小市民的形象，却在进入城门后，迅速止步于城市的喧嚣。他确实画了东京，却又不全是东京。

拿树来说吧。《东京梦华录》里的树是柔媚的、有故事加配乐的。东京城遍植柳树从宋太祖时开始，他于建隆三年（962）十月下诏"夹岸植榆柳，以固堤防"；[1]到真宗时为盛，太常博士范应辰曾进谏种植榆树和柳树于河畔官道："诸路多阙系官材木，望令马递铺卒夹官道植榆柳，或随土地所宜种杂木，五七年可致茂盛。供用之外，炎暑之月亦

1　〔明〕李濂《汴京遗迹志》。

足荫及行人。"[1]真宗欣然从之，于是为东京留下了满城的杨柳，连成郁郁葱葱的一片，清明时节，尽是刚萌发出来的嫩绿。然而张择端笔下的柳树，多粗壮有力，竟无半丝我们印象里应有的秀美。画风采用的是北宋画坛喜用的"清野"，墨笔占了主导，加上些花青和淡赭，寡淡得一塌糊涂。柳树下既没有唱曲的美女，也没有野餐、蹴鞠的东京雅皮，连扫墓的人都见不着踪影。却独独从远方走来了一个"满面尘灰烟火色，两鬓苍苍十指黑"，赶着驴车的卖炭翁。这便是张择端营造的画卷开始，也奠定了他整幅画作的基调。（见彩图 6-3）

其余的呢？城楼不是真的那座城楼，桥也不是真实的虹桥，店也不是实际开的那些店。那座虚构的城门潦倒破旧，城墙几乎都看不清楚了。城门口只得一两个慵懒的守军，墙上也看不到任何城防工事，连《东京梦华录》里提及的每百步一个的马面都不存在，更别说射箭的城垛和城防了。（见彩图 6-4）这样的守城架势，连画家都看得分明，不知大宋的统治者是否心中有数。如此看来，城破是必然了。因此，现在我们竭力复原宋版《清明上河图》的喧闹，大可不必。张择端画时的心态甚至是萧落的，有什么值得庆贺？当年他所供事的翰林图画院，想必受徽宗的影响，极尽各类精美画作之能事。可来自孔孟故里、自幼游学京

1　〔清〕徐松《宋会要辑稿·方域一》。

师的张择端，眼里不只有画笔下的房屋的人影，更有万里江山。可惜的是，这些忧虑，赵佶并没有看到。赵佶并不喜欢这幅画，他收了之后题完画名，盖上章，然后将此图转手赠给向家去了。

于是我们所认为的清明，并不是东京城的清明。东京城的清明，也不是《清明上河图》里的清明。你以为是肃穆的，它偏说热闹；你信了热闹，却找来疮痍。诸多隐情，也只是让我顺着线索写得郁闷不已罢了。

醉是东京逛酒楼

　　过了四月初八佛诞节，夏天追上春天悠闲的脚步，急忙将那些娇嫩的花朵吹谢。于是绿意一天深过一天，气温也开始逐渐上升。每年的这个时候，东京城七十二家正店开始出售青梅煮酒。资深老饕孟元老推荐说，夏天的酒最好是去城南龙津桥以西的清风楼喝。夏天多刮南风，只有在清风楼才能感受到第一手的清风拂面，多少能驱散些暑意。刚刚采摘的青杏和樱桃摆在白银铸就的精美果盘里，配上清风楼清冽的店酒玉髓，清香入口、觥筹交错之间，就是东京的夏了。

　　东京人离不开酒。张择端画笔一挥，把东京城画成一座酒城。酒品广告满街都是，有小酒、新酒、稚酒……品种虽多，但并不是东京真正流行的酒品，多出自张择端的虚构。同样虚构的"孙家正店"楼高二层，欢门华丽，上悬喜庆装饰，楼上的雅座高朋满座。上卒们不见去守城操练，反而忙着运送军酒，运酒车啊，酒保啊，满街都是。相应地，还有医治因酗酒带来毛病的医馆招牌们乱入眼帘，出售"治酒所伤真方集香丸"，"太医出丸，医肠胃病"，可见人们需要各种医治饮酒过量带来毛病的灵丹妙药。（见彩图7-1）

不怕喝，就爱喝，酒精几乎渗到了东京市民的血液里。"酒之于世也……上自缙绅，下逮闾里，诗人墨客，渔夫樵妇，无一可以缺此。"[1]驱暑要喝，吃饭要喝，季节交替要喝，过节更要喝。等到了中秋，他们又赶往各家酒店品尝新酒了。正店门前的彩楼装饰一新，雕有花头的画竿高高竖起，上面悬有写有"醉仙"二字的锦旗。江南运来的大闸蟹已经备好了，肥肥美美地等候被送上桌供人佐酒。品酒的人几乎踏平诸家酒店的门槛，刚到正晌午的午末时间，各家的酒便抢售一空，只得把悬挂的酒帘子放下来。

这是一个物资大量丰富的时代，也是市场宽松鼓励商业发展的时代。西汉到北魏期间，高官的府邸还可以沿街开门；而到了隋唐时期，长安城内不管是官员还是平民百姓，家宅都必须建设在坊中，封闭式管理到达一个顶峰。居民区"坊里"和商业区"市"四周都建有围墙，早晚定时关闭大门，夜间不许出入。所有的店肆都不允许对着街道开门，一经发现，一律拆毁。进入五代，坊市管理开始松懈，房屋侵街现象在默许状态下发酵。及至宋代，封闭的坊市正式转向开放的街市，居民不再被关在坊内统一管

1　〔宋〕朱肱《北山酒经》上卷。

理，商业不再局限在朝廷规定的"市"内经营，而是分散在全城，大门对着街道。空间上不限制了，时间上也是如此，不管到了几点，东京城总有商品在流通。到了仁宗年间，干脆将坊墙和市墙拆除，坊市制正式宣告结束。

城市旺盛的生命力自此被彻底释放出来。东京城不管是城市的平面分布，还是时间的纵向延伸，都是停不下来的欢腾景象，反倒冷落了仁宗的大内。还好他想得比较开。某个稀松平常的夜晚，仁宗仍然在崇政殿处理朝政，突然听见宫墙外传来丝竹歌笑之声，衬得大内寂静得有点不合时宜。他问身边宫女道："是何地如此欢乐？"宫女回答："是民间的酒楼在饮酒作乐呢。"紧接着，宫女又补一刀："官家您听，外面多热闹啊，不像我们宫里，老是这么冷冷落落的。"仁宗于是好心肠地安慰宫女："你们知道吗？正因为我这里冷清，他们才能如此热闹；如果我这里和他们一样热闹的话，他们那里就该冷清了。"

这段让人听来心酸不已的对话，充分佐证了宫内生活的苦闷本质、仁宗的好皇帝软心肠属性和身边宫女一以贯之的插刀高冷风格。说到这里，忍不住无视行文结构私心插播仁宗宫内逸事两则：烤肉篇——半夜想吃烤羊肉但用强大意念战胜自己："我吃羊事小，后世要是效仿我天天吃羊，那得吃多少羊啊！不可以！"赌博篇——和宫女赌博输钱之后想赖账，宫女无情吐槽："官家太穷相，这么输不起啊！"仁宗义正词严："我输的不是我自己的钱，而是大宋子民的钱！"

而那夜，我们的好皇上仁宗听到的丝竹歌笑，多半是来自东华门外景明坊的樊楼了。

是人都想去樊楼。"梁园歌舞足风流，美酒如刀解断愁。忆得少年多乐事，夜深灯火上樊楼。"[1] 刘屏山如是说。想当年啊，樊楼的灯火耀眼得似乎能照亮整个夜空。夜已深沉，东京城却还清醒万分。坐在楼上的酒阁子[2]里，和二三知己饮酒畅谈，佳人在旁轻抚觱篥、献唱新声，没有比这更美好的事情了。站在樊楼西楼顶层，任晚风拂动长袍的衣摆，明月高悬天边一隅，东京城尽在脚下，连大内的真容都唾手可得。

樊楼，是东京七十二家正店之首，又名白矾楼、丰乐楼，高峰期客流可达千余人。早在宋太祖开宝七年（974），樊楼便已经是京城顶级繁华的场所了。那一年上元节，太祖的逍遥辇曾停留在樊楼门口。宋徽宗宣和年间，樊楼获得允可，增修至三层楼，加上两层砖石台基，实际高度连五层楼都不止。仁宗景祐三年（1036）八月，朝廷下诏规定："天下士庶之家，屋宇非邸店、楼阁临街市，毋得为四铺作及斗八。"斗八又名藻井，即天花板上凸出为覆井形的木建筑，沈括《梦溪笔谈·器用》介绍道："屋上覆橑，古人谓

1　〔宋〕刘子翚《忆樊楼》。

2　即雅座。

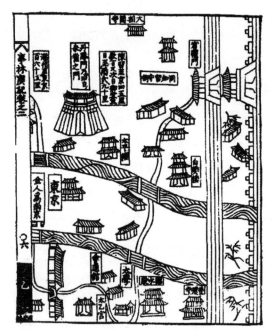

图7-1　《事林广记》里的东京插图，画面右侧中间位置是樊楼（又称白樊楼）

之'绮井'，亦曰'藻井'，又谓之'覆海'，今令文中谓之'斗八'，吴人谓之'罳顶'，唯宫室祠观为之。"以前专门供宫殿庙宇所用的建筑形式，现在旅馆和临街的酒楼都可以采用了，可见宋朝重商之风的盛行。

　　宣和四年（1122），徽宗建好艮岳后，曾令翰林王安中登樊楼眺望艮岳赋诗，诗曰："日边高拥瑞云深，万井喧阗正下临。金碧楼台虽禁御，烟霞岩洞却山林。巍然适构十龄运，仰止常倾四海心。此地去天真尺五，九霄歧路不容寻。"[1]虽然不见得是离天只得"尺五"之距，可不登禁中的高楼，反而登樊楼观山，可以揣测樊楼的高度怕是宫里的楼阁也不能及了。

站在景明坊拥挤的街道上抬头仰望樊楼，这尊庞然大物和周遭的低矮民宅两相对照，更加显出它第一流的华贵和高不可攀。樊楼可不止一座楼而已，整个建筑群共由五座楼宇组成。这五座楼之间或明里连接，或暗里相通，通过飞桥和栏杆彼此握手相连，楼宇之间沟通无碍。穿插其中，身边走过优雅的华服男女，宛如踏步云端般神奇。楼里的雅座则由珍珠串成门帘垂下掩映，精美锦绣织就的装饰物装点门楣。一到晚上，樊楼灯火通明，晃得人几乎睁不开眼睛。每年上元节，店门前的每条瓦垄均会放上一盏莲花灯，一时间如梦如幻。

樊楼自酿的店酒眉寿、和旨，光名字都起得雅致传神，颇为考究。眉寿，意为高寿。《诗经·豳风·七月》里有这样的句子："六月食郁及薁，七月亨葵及菽。八月剥枣，十月获稻。为此春酒，以介眉寿。"从酒名推断，冬天酿制此酒，春天启用，求的是长寿安宁之意，味道大抵是绵长醇厚的。而"和旨"意为酒醇和而甘美，"酒既和旨，饮酒孔偕"。[2]身为龙头酒楼的樊楼，是宋廷仰仗的赋税大户。真

1　〔宋〕王安中《登丰乐楼》。

2　《诗经·小雅·宾之初筵》。

宗天禧年间（1017—1021），樊楼每天向朝廷上缴的酒税就高达两千钱。仁宗年间，樊楼每年从官府购买的酒曲有五万斤之多，占到全国酒曲购买量的 2.5%。樊楼经营不善之时，不只官府介怀，皇帝也亲自过问。天圣五年（1027）八月，为了确保樊楼的税收无虞，宋仁宗亲自指示朝廷下诏，在东京数以万计的脚店中选取三千家，每日都需去樊楼取酒沽卖。

　　除了樊楼的高端、大气、上档次路线，也有一些酒楼以小清新路线取胜。这些酒楼内部通常设有别致的庭院，院内廊庑掩映，竹影花香，流觞曲水，雅致得紧。酒阁子雅座便借了这一派景致排列其中，比起高楼的炫目风格，别有一番风情。吊窗花竹点缀着雅座的窗景，帘幕低垂下，时不时还能传来妓女的歌声笑语。茶饭量酒博士穿梭身边，笑容可掬，不管你是多大年岁，通通叫一声"大伯"，服务得那叫一个妥帖。不管是哪类酒楼，桌上摆的餐具绝不能失了档次。以城东旧宋门外的仁和店、新门里的会仙楼为例，那里的包间数量均有百余间之多，所需要的设施一应俱全。只要进了酒店门，不管你身价多少，装束如何，只要是两个人落座，先上注碗一副，盘盏两副，果菜楪各五片，水菜椀三五只，光这些餐具就得耗银百两了。即使是独自就餐，用的碗碟也必须是银质的。（见彩图 7-2、彩图 7-3）京师的这般奢华排场，常常吓坏外地来京的举子们。

　　至于喝的是不是名酒，端的是不是白银，对于酒疯子石曼卿来说并不重要，重要的是喝酒这回事。他曾与布衣好友刘潜共赴新开的王氏酒楼喝酒，两个人只是面对面坐着，喝了一天的酒，一句话都不说。喝到夕阳西下，携手而去，竟是一点醉意都没有。[1]这两人一起，再加上张安道，从来不比喝了多少杯酒，而是喝多少天。四十八岁那年，仁宗刚打算重用石曼卿带兵讨伐西夏，他却一病不起。至交欧阳修悲痛不已，他说"曼卿隐于酒"，虽然"廓然有大志"，但是"时人不能用其材，曼卿亦不屈以求合；无所放其意，则往往从布衣野老酣嬉，淋漓颠倒而不厌。予疑所谓伏而不见者，庶几狎而得之"。[2]

世不容我，那就尽管醉下去。

———————

1　《宋史·列传第二百零一·文苑四》。

2　〔宋〕欧阳修《石曼卿墓表》。

苏轼的东京故事

宋仁宗嘉祐元年（1056），摩羯男苏轼二十一岁，与弟弟苏辙跟随父亲苏洵一起进京参加科考。五六月间到达京师，当时恰逢京师大雨不停，父子三人寄宿在兴国寺浴室。兴国寺位于大内右掖门外、州桥之东北，离汴河不远，四周被办公机构如尚书省、开封府、御史台以及寺庙、钟楼等环绕，与御街不过一个街区的距离，既便利又安静肃穆。选择在此准备考试，而不是邸舍虽集中但过于喧闹的旧城东南角或相国寺附近，老苏可谓用心良苦。

兴国寺全名太平兴国寺，原为唐龙兴寺，周世宗显德年间废为兴国仓，宋开宝二年（969），经僧人争取恢复寺庙身份并予以重修。太平兴国二年（977）正月，以新兴国寺为太平兴国寺。该寺历史悠久，苏轼曾忆及所居住的房屋南侧有一座古屋，东西壁画上是六祖像，东侧的壁画被楼阁堂宇遮住，看不见全貌，西侧壁画上的二师，皆"神宇靖深，中空外夷"。[1] 兴国寺的中轴线上依次建有天王殿、大雄宝殿、太平兴国寺大塔、观音殿、藏经阁和三四个小型墓塔。中轴线建筑两侧是东西厢房，有二十多间，苏轼一家便居住在东座第二位、老僧德香院内。

在当时的东京，寺庙除了是僧侣静修之所，更兼具多种功能。如举行皇家仪式、群臣置办筵席、接待外国使节、举子考试、提供住宿服务等等，均为寺庙能承担之角色。同年秋，苏氏兄弟二人应开封府解，便是在景德寺参加的考试。景德寺位于丽景门外以东，上清宫之北，始建于周世宗显德五年（958），名为东相国寺，后又更名天寿寺，宋真宗景德二年（1005）才改名为景德寺，内有定光释迦舍利砖塔。

初来乍到的苏轼对京师的奢靡之风很是看不惯，他在《寄周安孺茶》一诗中写道："粤自少年时，低徊客京毂。虽非曳裾者，庇荫或华屋。颇见纨绮中，齿牙厌粱肉。"他在兴国寺内潜心研读《公羊》《穀梁》《左氏》三传，并以此为乐。苏辙在《和子瞻宿临安净土寺》中回忆道："昔年旅东都，局促吁已厌。城西近精庐，长老时一觇。每来获所求，食饱山茶酽。尘埃就汤沐，垢腻脱巾幨。不知禅味深，但取饥肠餍。京城苦烦溷，物景费治染。"放榜之后，苏轼名列第二。

时间进入嘉祐二年（1057），正月里便是省试了。苏轼

1　〔宋〕苏轼《兴国寺浴室院六祖画赞（并叙）》。

一篇《刑赏忠厚之至论》，文风清新，无所藻饰，深得主考官欧阳修所喜，名列第二，位居章衡之后。三月初五，仁宗在崇政殿亲出考题举行殿试。三月十一日殿试放榜，兄弟二人同登进士第，因此得以参加琼林苑的进士宴席。进士及第后的苏轼，这才拜谒欧阳修。欧阳修对得了苏轼这个人才喜不自胜，决意好生栽培他成为文风改革的生力军，同时为苏轼引荐了韩琦和富弼。这几位重臣对苏轼期许很高，均以对国之栋梁的态度来对待苏轼，并纷纷遗憾于苏轼不得与范仲淹相见。这一年里，苏轼在东京四处拜会名士，并与曾巩等人交往甚密，开始蜚声于京城文坛。十一月，苏母程氏辞世，苏轼一家回乡守丧，就此结束了第一段东京时光。虽然只有短短两年光景，但简单纯粹，苦读加上考试，更不用说金榜题名之后，春风得意马蹄疾之喜。

嘉祐四年（1059）十月，丁忧期满，父子三人偕家眷乘船沿江而下再度返回京师。沿途经过三峡，走走停停，既观赏风景又拜会友人，留下诗文共计一百篇，取名为“南行前集”。苏轼的长子苏迈便出生在这趟旅途中。次年正月，由江陵上岸走陆路，于二月十五日抵达东京。这次他们先是租住在西冈一所宅子里，后又住进怀远驿。怀远驿是东京四大酒店之一，位于南城丽景门河南岸，也是主要接待外国使节的邸店。当时辽使住在都亭驿，夏使住都亭西驿，高丽仕同文馆，回鹘、于阗仕礼宾院，诸番国仕瞻云馆或怀远驿等。

这段时光也给兄弟二人留下美好回忆，《苏轼诗集》卷二十二《初秋寄子由》、卷三十三《感旧时》都谈到居住在此的时光："忆在怀远驿，闭门秋暑中。藜羹对书史，挥汗与子同。"《曲洧旧闻》卷三谈到，当时他们在这里准备制科考试时，日享"三白"，即一撮盐、一根生萝卜、一碗饭，觉得美味无比，不相信世间还有八珍。

苏轼拒掉河南府福昌县主簿（九品）一职，参加制科考试入仕，其实冒了一定的风险。制科是由皇帝下诏临时设置的考试科目，旨在选择特殊人才。仁宗年间，考制科需要有两个大臣举荐（苏轼是经欧阳修、杨畋推荐），需要经历三道程序：首先向两制（即掌内制、外制的翰林学士、知制诰、中书舍人）呈送平时所作策、论五十篇，两制选取词理俱优者参加阁试；接着是秘阁试六论；最后才能参加皇帝的御试。两宋三百多年间，制科举行御试仅二十二次，入等者不过四十余人。苏轼两次参加制科考试，并且都入三等，已经是最高成绩了。[1]

嘉祐六年（1061）七八月份的时候，兄弟两人入住父亲购置的宜秋门内南园，算是安定下来。八月十七日，就秘阁考试制科，苏轼入三等，[2] 与进士第一，除大理寺评事（掌管刑狱，正八品），以京官的身份签书凤翔府判官。比

1　周云容《解读苏轼的两次制科考试》，《文史杂志》2011 年第 3 期。

2　《宋史·列传第九十七·苏轼》："自宋初以来，制策入三等，惟吴育与轼而已。"

起之前河南福昌县主簿的官职，职位明显有所提升。同年冬天，苏轼离开京师赴凤翔任，四年后（宋英宗治平二年，公元1065年）还朝，除判登闻鼓院。后参加第二次制科考试——学士院试策，又得了三等的好成绩，优诏直史馆（属从六品）。宋初有史馆、昭文馆和集贤院三馆，都在崇文院办公。崇文院内建有秘阁，与三馆统称"馆阁"。据洪迈《容斋随笔》记载："国朝馆阁之选，皆天下英俊，然必试而后命。一经此职，遂为名流。"苏轼在史馆中得以饱读皇家珍藏的各类典籍，得到了最好的培养，不仅仕途不可限量，自身修习也受益颇多。

治平二年五月，苏轼妻王弗病逝，葬于东京西郊。治平三年（1066）四月二十五日，父亲苏洵病逝。苏轼兄弟二人再度回到四川守制。苏轼遵苏洵遗命，携王弗遗骸迁回祖墓，葬在母亲程氏身边，在墓志铭里写道："余永无所依怙！"夫妻十一载，一向天真烂漫、心无城府的苏轼，一朝失去谨慎持重的王弗陪伴左右，竟觉得从此永远没有了依靠。这一段东京岁月断断续续近三年，其间苏轼迎来新生命的降生，在京城有了安身立命的场所，仕途也逐渐趋于明朗。却又接连失去生命中最重要的两位亲人，悲痛之心，可想而知。三十而立这句话对他来说，意味更为深长。治平四年（1067）正月，在位仅四年的宋英宗驾崩，二十岁的长子赵顼即位，是为宋神宗。

宋神宗熙宁二年（1069）二月初，兄弟除丧之后回到东京，均在南园居住。这一年的二月初三，也是王安石官拜副相参知政事的日子，轰轰烈烈的变法自此拉开序幕，苏轼的安宁生活开始迎来转折。二月中，苏轼以殿中丞、直史馆授官告院，兼判尚书祠部。这是一个王安石为苏轼安排的闲散差使，苏轼颇觉悠闲，生活趋于慵懒。五月，苏轼上书《议学校贡举状》至神宗，严厉抨击王安石的取消科举以学校代之的新政，严重得罪王安石。八月十四日，作为国子监举人考试官的苏轼又出了暗讽王安石独断专政的考题，两人的关系雪上加霜。以致每次神宗想要重用苏轼时，王安石必在其间作梗。也有另外一种说法，称王安石起初并没有特别排斥苏轼，是因为吕惠卿忌惮苏轼才华太高从而挑拨离间，这才使得王安石对苏轼愈发厌恶。[1]

为了让苏轼俗务缠身少给自己添堵，王安石给苏轼加了个开封府推官的差使，以为他只是个文人，不擅长处理琐事，不料苏轼仍然做得有声有色。其间苏轼仍未放弃对新法的批评，上书神宗道，"国家之所以存亡者，在道德之浅深，不在乎强与弱；历数之所以长短者，在风俗之薄厚，不在乎富与贫"，一派儒生口吻。他反对以获利为先和王安石的"旨在生天下之财"，不满青苗、均输法等，但又并未全盘否定新法。[2] 就事论事，而非全盘否定，忙于站队。此

---

1 《邵氏闻见录》卷十二。

2 〔宋〕邵博《宋史·列传第九十七·苏轼》。

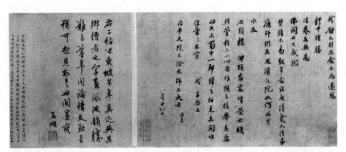

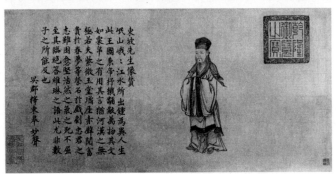

图8-1　苏轼行书《治平帖》卷　熙宁年间在京师所作（卷首附苏轼画像）
（故宫博物院藏）

时对新党如此，后来对旧党也是如此。苏轼心之磊落，对真理之执着，从这里便可看得分明。

熙宁三年（1070），王安石升任宰相，权倾朝野。苏轼这一年作词《诉衷情》："小莲初上琵琶弦。弹破碧云天。"作《一斛珠》："自惜风流云雨散。关山有限情无限。"一股柔媚气，听来心情还不错。与驸马王诜开始往来密切也是从这时候开始的。王诜本是宋朝开国功臣王全斌之后，娶了英宗二女儿魏国大长公主。王诜喜好书画收藏，是京城的社交名流，其宅邸西园亦是东京士大夫交游的中心。西园位于安远门外永宁坊，为神宗所赐，《西园雅集图》便是以王诜的西园为背景画就。苏轼曾去王诜的宅邸做客，与他一起写诗作赋，并为他书写了《莲华经》。作为回报，王诜经常送些酒食茶果给苏轼，一次还送了全套弓箭和包指给他，可见射箭在当时也是文人雅好之一。

　　好一个熙宁三年，苏轼的上书建言通常只有"不许""不从"和"不用"三种结果。这段时间苏辙不在身边，苏轼更觉孤寂。他在给朋友杨济甫的信中叙述自己的南园，说子由不在，"无与为乐。所居厅前有小花圃，课童种菜，亦有少佳趣。傍宜秋门，皆高槐古柳，一似山居，颇便野性也"。他的诗里开始有了讥讽之意。在秘阁值夜班时诗呈王敏甫，"共谁交臂论今古，只有闲心对此君"。京城里多的是迎来送往，送走老朋友，迎来新朋友，倒是留下不少诗作，情绪在诗里一览无余。《送蔡冠卿知饶州》："世事徐观真梦寐，人生不信长辚轹。"《送刘攽倅海陵》："君不见阮嗣宗，臧否不挂口，莫夸舌在齿牙牢，是中惟可饮醇酒。读书不用多，作诗不须工，海边无事日日醉，梦魂不到蓬莱宫。秋风昨夜入庭树，莼丝未老君先去。君先去，几时回？刘郎应白发，桃花开不开。"不高兴得一塌糊涂。这两首诗后来都有幸入选"乌台诗选"。

　　熙宁四年（1071），新党在朝内渐渐得势，旧党势尽。苏轼屡次上书请求外派。七月，苏轼正式调往杭州。

熙宁九年（1076），苏辙进京，寓居在范镇的东园，受到已闲居的范镇的热情款待。多年之后，他作诗回忆当年的情景："敝裘瘦马不知路，独向城西寻隐君。"范镇是苏轼四川同乡，旧党精英，比苏门兄弟大了二十多岁，与他们情谊深厚，非同一般，后来在乌台诗案中亦受牵连。范镇在东京的宅邸有两所，一在城南，一在城西的东园。东园富有野趣，环境优雅，经常有人来访，饮酒作诗，互相唱和。苏轼则是熙宁十年（1077）二月才进京，此时离他写下那首青史留名的《水调歌头·丙辰中秋欢饮达旦》思怀苏辙不过一年，同时也是王安石罢相、自此永不复出的同一年。在过去的五年里，他一路经过西湖的烟雨和密州的苍莽，如今已是四十二岁的中年人了。此次经过东京，是在以祠部员外郎、直史馆移知河中府的任上，仅是路过稍作停留而已。

苏辙特意去距离东京城三百里外的澶州、浦州之间迎接阔别七年之久的兄长。三百里路途，步行约需五天，马行约需一天，思念之殷，全写在这路途迢迢中。苏轼作《满江红·怀子由作》记下这次重逢："一樽酒，黄河侧。无限事，从头说。相看恍如昨，许多年月。衣上旧痕余苦泪，眉间喜气添黄色。便与君，池上觅残春，花如雪。"从去年的"举杯邀明月，对影成三人"，到终于可以在黄河边"相看恍如昨"，喜悦之情溢于言表。

两人行至陈桥驿（东京城北四十五里）时，苏轼改知徐州的旨意下来了。到了陈桥门口，却被守门卒拦住不许进，两人只得掉头向东，在范镇的东园内稍作休整。[1] 苏轼还乐天派地想，"然彭城于私计，比河中为便安耳"，[2] 殊不知此举有可能是新党不想让他有机会面圣。苏辙在《寄范丈景仁》里回忆当时的情景："及门却遣不得入，回顾欲去行无人。东园桃李正欲发，开门借与停车轮。青天露坐列觞豆，落花飞絮飘衣巾。"无论如何，兄弟相逢的好情绪并没有轻易被破坏，两人住在东园大约两个月时间，四月一起离京，其间交游作诗，为长子苏迈操办喜事，也不是没有乐趣的。

二月二十日，苏轼刚到东京，早已与他交好的驸马王诜便遣人送了茶果酒食到东园。苏轼应邀于三月初一在城外的四照亭与王诜饮酒，两人带了六七个婢女，美酒佳肴，不一而足，奔着郊外的好风景去了。其中有个俊俏小丫头，管苏轼要曲唱，苏轼便写了《洞仙歌》和《喜长春》与她。《洞仙歌》里这样写道："细腰肢、自有入格风流。仍更是、骨体清英雅秀。"借柳树来暗写人，怕是哄得小姑娘红晕霎时飞上脸去。结尾却带了些悲戚的味道："断肠是飞絮时，绿叶成阴，无个事、一成消瘦。又莫是东风逐君来，便吹

1　《苏轼诗集》卷十五《送鲁元翰少卿知卫州》题下"施之元注"："时有旨，不许入国门，寓城外范蜀公园。"

2　《与文与可》第三简："轼自密移河中，至京城外，改差徐州，复擎而东。仕宦本不择地，然彭城于私计，比河中为便安耳。"

散眉间，一点春皱。"眼前天真烂漫的可人儿，娇娇弱弱
地站在初春早早的绿里，飞檐翠柳，鸟叫声促。本是一片
大好春光可写，可是苏轼的笔头，却还是抛不开落寞之意。
空有才华与抱负，却仍是不得酬，只能在京城之外频频迁
徙，任是再好的春色与佳人，也无法点缀半分。

　　苏轼下一次来京，便是元丰二年（1079）八月十八日。
御史中丞李定和御史舒亶、何正臣等摘取苏轼《湖州谢上
表》中语句和之前所作诗句言苏轼谤讪朝政，在神宗默许
下逮捕苏轼入狱，在御史台"乌台"监狱一关便是四个月。
之前苏轼的四处奔走只是仕途不得志，"乌台诗案"之浩劫
则是飞来横祸，几近送命。

　　先是七月二十八日太常博士皇甫遵拿了御史台的台牒
（只不过是寻常追摄行遣，叫苏轼进京问话），带了两名台
卒快马加鞭赶赴湖州，罢了苏轼湖州的官职，勾摄苏轼进
京受审。临行前湖州市民冒雨泪送，眼见台卒押解苏轼登
船之时，"拉一太守如驱犬鸡"[1]"如捕寇贼"[2]。八月十八日，
苏轼被关入御史台监狱的知杂南庑。苏颂于同年九月也被
逮入御史台的三院东阁，和苏轼只有一墙之隔。[3]

　　出东京内城的右掖门一路南行，过汴河后不远，紧邻

1　〔宋〕孔平仲《孔氏谈苑》卷一《苏轼以吟诗下吏》。

2　《苏轼诗集》卷三十二《杭州召还乞郡状》。

3　〔宋〕苏颂《苏魏公文集》。

着开封府的院落便是御史台了。御史台里养了一群神气活现的言官，官署内遍植柏树，引来诸多乌鸦在树上做巢，因此人们常以"乌台"指代这里，一语双关，倒也十分贴切。这里距苏轼二十一岁初次来京赶考时居住的太平兴国寺只有几步之遥。隔了二十三年的时光，寺院依旧，人事已非。甫入狱，苏轼便作了两首诗交给待他友善的狱卒梁成，嘱咐他转交弟弟苏辙。梁成拿到他的诗后藏在自己的枕中。诗里写道："是处青山可埋骨，他年夜雨独伤神。与君今世为兄弟，又结来生未了因。"辗转交到苏辙手中时，苏辙以面伏案，不忍看下去。

苏轼描述刚到狱中时，"……狱吏稍见侵，自度不能堪，死狱中，不得一别子由"。"举动触四壁。幽幽百尺井，仰天无一席。隔墙闻歌呼，自恨计之失。留诗不忍写，苦泪渍纸笔。"[1]苏轼欲绝食求死，并藏了日常服用的青金丹，将其余量藏在土中，准备一旦要判处死刑时，服用来自杀。但是神宗派了特使来狱中探望，使得狱卒不敢多加欺辱。苏轼察觉到神宗并没有要杀他的意思，这才断了求死的念头，坚持了下去。

从八月二十日到十一月二十日，苏轼连连受审，被审讯者揪住历年诗文各种上纲上线，常遭遇通宵辱骂，苦不

---

1 《苏轼诗集》卷二十《今年正月十四日，与子由别于陈州，五月，子由复至齐安，以诗迎之》。

堪言。李定、舒亶等欲置苏轼于死地而后快。朝中搭救之士颇不乏人，不仅有苏辙不避嫌向神宗上表陈情，仁宗皇后、王安石之弟王安礼均正言直谏。宰相吴充直言："陛下不能容一苏轼何也！"早已罢相隐居江宁的王安石也上书疾呼："安有圣世而杀才士乎！"十二月二十六日，神宗最终还是没能忍心夺苏轼性命，仅将苏轼贬到黄州充任团练副使以了结此案。"乌台诗案"共牵连司马光、王诜、范镇、苏辙等二十九人，或贬或罚。其中驸马王诜处罚最重，被罢免了一切官爵。

元丰三年（1080）正月初一，正是东京的大年节，开封府下令市民可以纵情关扑三天，官员和百姓家庭一大早就开始互相庆贺，大街小巷里到处都是叫喊着赌博的人。街上立满了出售各类货物的彩棚，舞场和歌馆喧闹喜庆，普通百姓也都换上新衣，举杯欢庆新年的来临……

这一切却与苏轼没有任何关系。他正是在正月初一当天离开京师赶赴黄州，开始了于仕途最黯淡、于个人文学生命和心境演变却最为关键的一段岁月。这段岁月里，潦倒有之，感怀有之，做出东坡肉，书下《寒食帖》，写出《赤壁赋》。人生起落至此，还有什么对他来说是可以执着的？之前官宦羁旅虽有不忿，但总体是有所期许，因此是大开大合的豪迈搭配些许落寞。经此大难，苏轼后期那股真正豁达通透飘逸之风，对人生和世事的顿悟，从尚儒转为尚道佛，真真切切乃是从黄州开始。

因此再回到京师的元丰八年（1085），他几乎是不以物喜不以己悲，不以功名利禄为意了。神宗驾崩，哲宗继位但未亲政，亲旧党的太皇太后主持朝纲，以司马光为首的旧党全面反攻，受其举荐，苏轼与苏辙双双奉召东山再起。苏轼经由登州任上，十二月上旬返京任礼部郎中。后迁起居舍人，他对这个官职起初是不接受的，但终未被许可。元祐元年（1086）元月，免试为中书舍人，苏轼仍是请辞，仍未被允。后又升为翰林学士、知制诰。

京城里的事，无非是上书议政、官员交游、写写颂诗、拜会禅师，优渥是优渥的，但是否痛快透彻，不得而知。从元祐元年（1086）到四年（1089），苏轼对新法内容尽废持不同意见，屡屡上书。九月司马光过世，苏轼因为司马光治丧的事情屡屡耻笑过度拘泥旧礼的著名学究程颐，又结下新的梁子。苏轼开始重复熙宁年间新党当政时自己的节奏：元祐二年（1087）请辞，不准；元祐三年（1088）请辞，不许；元祐四年（1089），终于如愿再次知杭州。再往后，回京升官和出京反复出演，元祐七年（1092）十一月，苏轼入仕端明殿学士兼翰林侍读学士、礼部尚书。元祐八年（1093）哲宗亲政，全面恢复新法，所谓"元祐党争"火热上演。九月，苏轼离开了东京，此生再也不曾踏足此地一步。

闹心的政治到此为止。在这里我只想说说元祐元年，苏轼得以与阔别七年之久的王诜再度相见。王诜身为皇亲国戚，成为"乌台诗案"里获罪仅次于苏轼的一位。当初，

图8-2 苏轼行书《题王
诜诗帖》页，书于元祐
元年九月八日
（故宫博物院藏）

也是他第一个将御史台欲治苏轼罪的消息紧急通报苏辙，
这个朋友当得够意思。王诜西园里的文人雅集，元祐年间
雷打不动地进行着。元祐三年（1088），黄庭坚在西园曾水
阁听侍女昭华吹笛。李之仪曾有诗写到西园，晚上坐在园
内的池上看"松杪凌霄烂开"，一派怡然自得之意。西园之
东筑有宝绘堂，富丽雅致，古代书法绘画收藏颇丰，在京
城文化圈内负有盛名。苏轼为其所作的《宝绘堂记》云："驸
马都尉王君晋卿虽在戚里，而其被服礼义，学问诗书，常
与寒士角。平居攘去膏粱，屏远声色，而从事于书画，作
宝绘堂于私第之东，以蓄其所有，而求文以为记。"

摊开李公麟的《西园雅集图》，看到西园内松竹茂密，小桥流水，房屋两三处，掩映在婆娑之间，低调素朴，却不是一般的风雅卓绝。王诜、苏轼、苏辙、黄庭坚、秦观、米芾、晁补之、李之仪、李公麟自己等主友十六人自得其乐，他们衣着素雅，形态安详，或写字吟诗，或抚琴唱和，或打坐问禅，各有各的乐趣。米芾为此图作记，即《西园雅集图记》。有云："水石潺湲，风竹相吞，炉烟方袅，草木自馨。人间清旷之乐，不过如此。嗟呼！汹涌于名利之域而不知退者，岂易得此哉？"

糕员外的浮生一日

每晚三更到五更，是东京城的夜禁时间。金吾负责敲打街鼓通报时刻，巡捕卒则用传呼方式来昭告夜禁的到来。东京城于是空无一人，只留下一些遥远的呼喊徘徊在街巷。商铺一并关门不算，也不允许市民在街上行走。遥想唐朝的时候，虽入夜即关闭坊门不让居民进出，但是对坊内商家是否开门、居民是否玩乐并不过问。如今坊墙倒是倒了，晚上不让人活动的禁令却走向了每条街道。好在近些年夜禁松了不少，部分区域比如东华门外偶有通宵营业的店家出现，官府也没有明令禁止。

关于早年的夜禁之严格，我听说过这样一个段子。太宗年间，有五名新进的官僚几乎每天都在一起饮酒作诗，到了半夜才醉醺醺骑马往家里走。有一位特别轴的金吾吏，每夜碰上了都会"问候"一下这些大人，语含责备之意。其中一位醉得厉害的陈象舆，拿着马鞭指着金吾吏说："金吾不惜夜，玉漏莫相催！"才子便是才子，喝醉了说胡话都这么文雅，居然引了苏轼的祖先、唐代苏味道所作《上元》的一段来反驳金吾。可惜并非每天都是上元夜，违反夜禁的官员们后来纷纷受罚，也因此留下"陈三更、董半夜"的诨名成为都人们茶余饭后的笑谈。[1]

而每到五更来临，各个寺院的行者或敲铁牌子，或敲木鱼，挨家挨户报晓。宫里大庆殿前钟楼的钟声响起了，王安石曾有诗云"拂晓钟声到景阳"，那钟声即使在外城的景阳门都可以听到。不管你是赶早朝的官员还是赶早集的市民，都随着有序的报晓声陆续苏醒。各个城门和桥头的早市开始买卖早点餐食，酒店的灯烛适时亮起。每一天便是这样开始，周而复始，不曾有差。

十岁那年，我们举家从洛阳迁到东京。父亲为的是能在东京广植人脉，以巩固他的生意，同时希望能让我受到更好的教育，好有朝一日通过中举以摆脱商人的低贱身份。我却并没有走他为我设计的道路。读书我并不讨厌，可是要是为了应试而翻来覆去地读书，简直比做生意还要功利。士子之间那套虚头巴脑的礼节看了都累，即使做官做到王安石那样位极人臣，还不是时时刻刻岌岌可危，更有可能随时被派到外地去受罪。干吗非要入仕，倒不如买进卖出来得实际，至于诗文嘛，拿来自娱好了。十八岁娶亲后，我便正式接手一部分家族产业，自此高高兴兴地做商人了。

1　〔宋〕僧文莹《玉壶清话》卷五，写于宋神宗元丰元年（1078）。

每天只需要出去巡视一次，晚上在家处理一下账务，吩咐下去，其余时间都归我自由支配了。

要说大宋的阶级之分，做官的当然是高高在上的官户籍，其余的坊郭户（即城市居民）共分为十等。前五等称为上户，后五等称为下户。上户指各种富豪，起家方式包括商业买卖、出租房屋田地、经营手工坊等等，下户则由普通商人、工匠、戏子、贫民等组成。东京城自然更不一般，全国各类土豪都会聚在此。真宗朝做了十多年宰相的王旦，一日在朝中议论金银价格上涨的问题时，就曾对皇上说："京城拥有资产超过百万贯的不在少数，资产超过十万贯的更是比比皆是。"[1] 我家虽非大富，但是数十万贯家资算是有的，经营着包括邸店、酒店、粮食贸易以及典当等产业，累计三代，方才有此家资，在京城也算是小有名气了。

今天钟声刚敲响，我便速速起床洗漱完毕，用过了点稀粥和点心便神清气爽地准备出门。我的贴身小厮阿福好生奇怪，追问："少爷今天怎么这么早起？"我拿扇子敲他脑袋一记："呆子，今日是相国寺开市，不知道少爷我想去寻些好东西吗？"我家住在外城西北角的梁门外。这里是东京闻名的富人区，园囿、寺庙相间，禁军大营和深宅大院相邻，鲜少商铺瓦子，有着喧嚣京城里难得的一份清净。

1　〔宋〕李焘《续资治通鉴长编》卷八十五。

当年父亲购入时价钱还算公道，后来自从皇上赐给蔡京蔡太师的府邸、高俅府邸以及诸皇子的御邸陆续落户这里，我家的地价便一路飙升，奇货可居了。有多人向我家开高价购买，父亲可从来没松过口。

从我家要到州桥东南角的大相国寺，还得坐一阵子车才能到。一想到翠湖在相国寺门口的槐花影中娉婷而候，我便恨不得马蹄能腾空而起，飞跃东京所有的巷陌，降临在她身边。

我与翠湖相遇在今年上元节的马行街。那天我夫人——那位父亲特意为我娶的官家小姐——头疼不适，未陪我出门赏灯，我便带了阿福一人兴高采烈地出门去。东边自是比西边热闹许多，我在马行街那一连串晃眼的灯火中蓦然回首，看到翠湖痴痴地望着一盏走马灯出神，一袭素衣，发戴闹蛾和玉梅，清丽逼人。我的这颗心立马便不属于我，向她狂奔而去了。那夜我们沿着马行街一路走到御街，进而又到州桥夜市，周围虽是摩肩接踵热闹非凡，我俩的世界里却并无旁人存在，人声仿佛消匿不见。我俩边走边聊，竟忘了今夕是何夕，直到拂晓钟声响起才依依不舍地道别。

一到相国寺门口，便看见翠湖一袭碧绿衣衫，笑盈盈地等着我，我俩携手径直往资圣门走去。相国寺位于内城朱雀门里东录事巷之北，始建于北齐文宣帝天保六年（555），最初名叫建国寺。唐睿宗年间，因为睿宗曾被封为相王，将此寺改名为相国寺。太宗至道二年（996）重建相国寺三座门，太宗亲题匾额，甚是宏伟。相国寺每月开放五次，供百姓在此进行商品交易。大三门前交易猫狗之类的宠物，甚至还有珍禽异兽，也不知道世人买回这些活物有什么用途。第二、三座门之间则是交易日常的杂物。寺里的庭院内也没闲着，架起了五彩缤纷的帐篷，或者索性摆上露天的席位，交易洗漱用器、弓箭、帽子、腊肉各类彼此之间风马牛不相及的物品。靠近佛殿叫卖着孟家道冠、王道人蜜煎、赵文秀笔和潘谷墨，两边走廊里站着各个寺院的尼姑，老练地叫卖自己的绣品。

佛殿后面的资圣阁前，云集着买卖书籍、玩物和字画

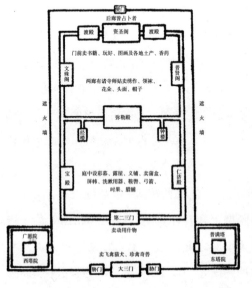

图9-1 宋东京相国寺平面复原图（李路珂《古都开封与杭州》，清华大学出版社，2012年）

的摊位，那些各地来京的官员也纷纷在此出售自己当地的土特产，真是做官经商两不耽误。这便是我们要寻觅的好去处了。可我们虽然起了个大早，但还是赶了个晚集，相国寺内已经是熙熙攘攘，人满为患了。正赶上暑意已经袭人，我俩好不容易挑得几本心仪的书籍，已是被挤得满头大汗。于是赶紧见好就收，走出相国寺沿着东门大街一路东行，在丁家素茶店坐了下来，一人讨了碗茶汤喝。"接下来去哪儿？"我俩异口同声地问对方，接着便笑出声来。

"我把阿福和马车都打发回去了。今天没什么事，我陪你。"我望向翠湖，只见她面有难色："我怕是只有一上午的时间，也许能一起用午饭。午饭后我得去趟桑家瓦子演出。"桑家瓦子是东角楼街八座瓦子、五十余座勾栏中规模最大的一个。每个瓦子内均有几座甚至十几座勾栏，每个勾栏里设一座戏台，每座勾栏里又有几个看棚，大的看棚可以容纳数千人之众！瓦子里不只有艺人和观众各自陶醉，还穿梭着卖药的、算卦的、卖小吃的……应有尽有，不出瓦子，一天吃喝玩乐竟是丝毫不愁。观众们早已忘了身在何处，直到夜禁开始都舍不得离去。

翠湖虽是书香门第出身，但是传到她父亲这一代已经是家道中落，她不得不早早进入官家教坊学艺以贴补家用。翠湖专攻小唱，虽不像李师师、徐婆惜般名气响亮，但在我而言，已是头等的天籁之音了。我曾经不止一次去给她的演出捧场，看她站立台上，不紧不慢地手执拍板击拍演唱，另一人吹箫或者觱篥来伴奏，那声音软美到了极点，听来旖旎动人，竟是魂魄都被摄了去。瓦子里除了有小唱，一般还表演嘌唱、傀儡戏、般杂剧、小说、讲史、散乐、影戏等内容，不分风雨寒暑，每天都是人满为患。每天五更的头回小杂剧，稍微晚去会儿，竟然会占不到座位。父亲见我流连瓦肆，以为我和其他东京富二代一样沉溺于游乐，不止一次旁敲侧击地警示于我。殊不知我只是为了翠湖而去。此时我无比庆幸自己只是个无所顾忌的商人，待到时机成熟便可为翠湖脱籍，纳入府内长相厮守了。

想到这里，笑意便情不自禁地挂在了嘴边，一碗消暑茶汤竟是全都泼在了身上。"你在想啥哩！"翠湖嗔怪着用手绢帮我擦拭衣衫，茶铺里的人纷纷侧目以视。"想着怎么把你娶回家。"我坏笑道，"走，我们去寻个吃饭的好去处！"

在御街上的遇仙楼吃过午饭，翠湖便往桑家瓦子赶去，我则不紧不慢地逛起了御街。这条街似乎从来没有冷清过，宋祁用"车如流水马如龙"来形容御街真是分毫不差。当年他在御街上巧遇宫嫔的香车路过，听闻一个宫女惊喜地叫道："咦，这不是小宋吗？"事后他怀念这次明媚的邂逅，写下了流传后世的《鹧鸪天》："画毂雕鞍狭路逢，一声肠断绣帘中。身无彩凤双飞翼，心有灵犀一点通。　金作屋，玉为笼，车如流水马如龙。刘郎已恨蓬山远，更隔蓬山几万重。"传到仁宗耳里，老好人仁宗乐得做月下老人，

一面说着"蓬山可不远呢",一面将宫女赐给宋祁。但愿我
与翠湖也能像宋祁和宫女这般幸运才好。

　　我一路往南,走上龙津桥,瞭望宽阔的河面,只见柳
叶低垂亲吻着粼粼波光,行人们都面带笑意,被阳光照耀
得像是一幅斑斓的画卷。苏轼当年进京赶考时的某个夏夜,
就曾站在龙津桥头观赏着夜市的灯火煌煌,感慨道:"新月
皎如昼,疏星弄寒芒。不知京国喧,谓是江湖乡。"[1]我的心
情好得无与伦比,抬头瞅见清风楼的招牌迎风飘舞——要
不,下午去清风楼喝杯消夏小酒,静静等候夜幕降临吧!
(见彩图 9-1)

　　——这样的良辰美景,这样的酣畅心境,待到靖康那
年我们举家仓皇南逃之时想起,简直像是黄粱一梦。

---

1 〔宋〕苏轼《牛口见月》。

靖康！靖康！

靖康元年（1126）丙午正月初七，金将斡离不（完颜宗望）的军队围住了东京城。金兵在城外西北隅的牟驼冈安营扎寨，并于初八夜晚以数十只大船顺着汴河相继流下，企图从西水门打开一个缺口。临危受命的开封府尹兼亲征行营使李纲带领两千名死士，列布于西水门的拐子弩城下，当金兵的大船开至城下时，用长钩将船拉到岸边，投石击碎之。又于汴河中流安排杈木，将蔡京家的山石叠放于门道间作为障碍物，以此在水中又斩获百余人。[1]自此防守达旦，才暂保无虞。初九，金兵攻打酸枣、卫州、陈桥诸门，其中酸枣门尤为危急。正在垂拱殿奏事的李纲得知情况，火速带领善射的禁卫班数千人赶往酸枣门。从禁中到新城的酸枣门将近二十里路，李纲一行人行走于夹道和深巷中，唯恐金兵已经登城。到酸枣门后，只见金兵刚刚渡过护城

1　〔宋〕李纲《靖康传信录》。

河，正用云梯攻城。李纲命令禁卫班射手火速登城射之，
金兵应弦而倒。又募集壮士数百人从城墙上顺索而下，烧
云梯，斩贼首，和金军正面交战，压制住了金军的水路进
攻。金军见攻城受挫，遣使臣入城议和。那日，是靖康元
年正月初十。

　　时间倒退回十五年前的北宋政和元年（1111）、大辽天
庆元年。历史通常由一个横空出世的人左右，悄悄地改变
其轨迹。对北宋来说，这样的人有两位。

　　第一位名唤马植，辽燕京人，世代为辽国大族，官至
光禄卿。政和元年，徽宗以郑允中、童贯为贺辽生辰使，
出使辽国，取道卢沟桥。是夜马植来访，献上夺燕大计。
马植遂跟随使团回东京，为避人耳目，更名李良嗣。政和
五年（1115），徽宗召见李良嗣，问他为何而来，他侃侃而
谈："辽国必亡，陛下念旧民遭涂炭之苦，复中国往昔之疆，
代天谴责，以治伐乱，王师一出，必壶浆来迎。万一女真
得志，先发制人，后发制于人，事不佯矣。"[1]徽宗大悦，赐
姓赵氏。攻辽之事，自此而始。

　　几番互通款曲后，宣和四年（1122），宋金结盟攻辽，
约定灭辽之后燕云十六州可归还北宋。但在整个战争过程
中，宋军成功地扮演了"猪队友"的角色，在各地连连战
败。金军却以迅雷不及掩耳之势攻占了辽国首都。既然两

---

1 《宋史·列传第二百三十一·赵良嗣》。

国贡献不一样，回报也应有所差异，金国对弱者也懒得给什么公平。战后金国意料之中地反了悔，只给了宋朝六个州。待到宋军终于踏入心心念念的燕京析津府境内时，发现留给自己的不过是一座废墟。这场战争的另一个副产品，便是合作之后，锐不可当的女真人发现大宋已经摇摇欲坠，轻视之下，起了险心。

宣和五年（1123）六月，不甘心的宋廷收留了从金廷反水的辽将张觉，欣然笑纳了他的平州，并企图接受张觉控制的其他州。宋金的梁子就此正式结下。好战的金国新君完颜吴乞买一接过哥哥完颜阿骨打的王位，便遣书给宋大骂宋廷收纳叛将。是可忍孰不可忍！金廷遣斡离不讨伐平州。宣和七年（1125），以平州为始，金军铁骑一路南下，席卷朔州、代州、太原、蓟州、燕山，剑锋直指东京，这个四周一马平川大平原、无任何天险可依仗的东京。赵匡胤曾顾虑的事情终究变成了现实，宋廷岌岌可危。"收回"燕云六州后还没有得意太久的宋徽宗赵佶企图跑到江南去避风头，让太子赵桓留守，却被李纲把这个可耻的念头扼杀在摇篮状态。李纲本属于旧法党，正是他力主徽宗让位以鼓舞军队士气，为此他刺伤自己的手臂，血书上奏力主全力抗金，感动得徽宗宣布让位于太子，也就是未来的倒霉皇帝宋钦宗。

李纲拼死守住了东京，可是靖康元年正月初十的崇政殿，斡离不的特使却趾高气扬地站在殿上，一一道出此次进犯的缘由——谁让你们背叛我？！李纲本欲受命前往敌营议和，被宋钦宗以战事吃紧以及李纲性子刚烈为由，遣了李梲去谈。李梲一行人毫无底线地在金营里跪倒在斡离不面前，斡离不南向而坐，大宋的使臣们则朝北一路跪着"膝行"到他面前。金人笑曰"此一妇人女子耳"，对宋廷更加轻视。

李纲认为，若对金人予取予求，反而会使其认为宋廷没有底气，起轻视之心，虽能逃得一时之祸，日后埋下的隐患不得而知。吓破了胆的宋钦宗和宰执重臣却只想着求和，对金人有求必应，不仅接受赔偿割地各类条款，包括黄金八十万两、白银两千万两，割了太原、中山、河间三地，还派了康王赵构和宰相张邦昌为人质，宋朝天子自此要恭恭敬敬地叫金朝皇帝为伯父。

为筹措这些银两，宋廷花去了八九天的时间。对东京城来说，这八九天有如炼狱。乘舆服御、宗庙供具、六宫及官府器皿都未能幸免，朝廷已毫无底线，张榜索取民间的钱财，限期不交者，斩之。东京民间藏蓄为之一空。这还远远不够。此后朝廷更是每日往金军营中送去金银、珠玉、名果、珍膳、御酿、玩好，金人胃口越来越大，更加肆无忌惮地索要妓乐、珍禽、驯象之类，宋廷靡不从之。

此时二十余万勤王之师已陆续到达东京城下，李纲成功说服宋钦宗起兵打击区区六万兵马的金军，定于二月初六起事。谁承想，第二个改变北宋命运的奇男子横空出世了。

此人名唤姚平仲。他武人出身，屡立战功，徽宗朝被童贯压制，并不得志。李纲评价他"勇而寡谋"。正是这个急于获得军功的姚平仲，在尚未做好准备且未通知上司的情况下，于二月初一夜袭金营，意图生擒斡离不，失败后担心上司怪罪，竟然逃掉了。这下金军已察觉宋军企图，仗是没法打了。宋钦宗为安抚金爸爸，把罪责推到主战的李纲身上，不仅免去李纲的行营使职务，还废掉其主持的亲征行营司，命他在浴室院思过。此举引发东京城内军民的强烈愤慨。太学生陈东等在宣德门上书，民众数万人云集在宣德门前御街广场上支持陈东，愤而砸碎登闻鼓。宋钦宗迫于压力，只得再次起用李纲来主持京城防御。

这便是第一次的东京保卫战，金兵于二月初十退师，危机看似已解，可是有这一群糊涂皇帝和臣子，李纲虽能救东京一次，却终究无力回天。正如李纲自己所言："当用毒药而不用，虽暂得安，疾必再来，此必至之理也。"

在彻底毁灭之前，让我们先短暂穿越回宣和初年的东京城吧，那时的宋徽宗赵佶还是个快活皇帝。

作为神宗的第十一个儿子，端王赵佶和其他亲王风格迥异，他热爱读书、绘画、笔札、古器、山石等一切有品位的事物。倘若放在现在，他大可以成立一个王子基金会，来保护文化遗存、弘扬各类国粹、履行皇室职责。当初章惇反对他继位，说他"浪子尔"。可偏偏太后认定他性子敦厚，力主他接了哥哥的位来做大宋的皇帝。历史把他推到这个位置上，他也成功地把这件事情搞砸了。

宋徽宗有一个梦想，营造一个"丰亨豫大"的国家。丰亨豫大典出《周易》，表达一种全天下之人和悦安乐的愿景。再辅以王安石最早提出的"惟王不会"——此语典出《周官》，意为对君主的奉养没有上限，但王安石这么说的前提是君主必须满足尧舜之治的条件，并非无条件地满足君主的任何欲望。丰亨豫大！惟王不会！好一个拥有理想君主、理想大臣、理想统治成效的盛世。服务于这个愿景，徽宗朝在学校及社会政策上作为的意图不难解释，如在东京城内设立孤寡老人殡葬设施"漏泽园"、贫困人员医院"安济坊"等社会福利机构，皆是为了创造一个普天下人人悦豫的极盛之世。

君权神授，首都首先应是彰显君主意图的神圣空间，其次才服务于世俗。王安石变法之前的东京城趋于世俗，变法后禁军规模缩水，留出大量空间来满足神圣功能。于是铸九鼎重振礼乐，修建明堂、延福宫、艮岳和景龙江，首都改造计划由此轰轰烈烈地展开了。

政和五年（1115），艮岳开始修建，七年后的宣和四年（1122）宣告完工。艮岳突破了原有宫城的范围，进而又突破了内城的城墙，面积达到周围十里之大，其中的万岁山高九十步，上面常常弥漫着人造的烟雾，有如仙境一般。徽宗笃信道教神霄派，认为自己是天帝长子，而艮岳是天

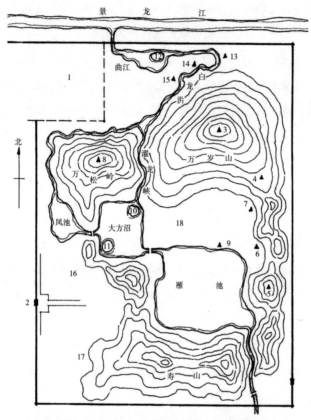

1.上清宝箓宫　2.华阳门　3.介亭　4.萧森亭　5.极目亭　6.书馆
7.尊绿华堂　8.巢云亭　9.绛霄楼　10.芦渚　11.梅渚　12.蓬壶
13.消闲馆　14.漱玉轩　15.高阳酒肆　16.西庄　17.药寮　18.射圃

图10-1　艮岳平面设想图
（周维权《中国古典园林史》，清华大学出版社，2008年）

神世界在凡间的再现，他便是这个天神世界的主人公。再造的人间仙境艮岳，按照徽宗的说法，集合了"天台、雁荡、凤凰、庐阜（山）之奇伟，二川、三峡、云梦之旷荡，四方之远且异，徒各擅其一美，未若此山并包罗列，又兼胜绝"，他还专门写了辞藻华美的《艮岳记》来细细描述艮岳的一草一木，称其"真天造地设、神谋化力，非人力所能为者"。此言绝非自夸，宋徽宗有着一等一的艺术品位。他嫌弃哲宗朝动辄往墙宇廊柱上涂金翠毛的风格太俗气，崇尚一种极简、自然的风格，"楹无金填，壁无珠珰，阶无玉砌"[1]。他爱什么呢？他爱太湖石堆砌的幽幽岩谷，他爱池边茂林修竹，他爱葩华纷郁的人间梦境，他爱云破天青处，他爱没有彩绘、只用浅墨画寒林禽竹的垣墉，他的品位是别样的、高贵的，但也是昂贵的。

所以才有了服务于昂贵梦想的应奉制度，才有了大观年间诞生的花石纲。精致的太湖石便是由花石纲运来，此外还有两浙的奇竹异花、登莱的文石、湖湘的文竹和四川的佳果异木，齐心协力地为艮岳、延福宫、上清宝箓宫们添砖加瓦。前后二十年间，江南数十郡的深山幽谷都被搜罗了个遍，只要看到任何一棵品相清奇的树木石头，都会用黄纸标识出来，不问谁家所有就挖走，就连平江一棵白居易亲手种下的白公桧都被挖出来运到京师。

宣和年间，从皇城东南角十字街一直到景龙门，建成了"夹城牙道"，即在两侧筑起墙壁的官道，构造与御街相同。从东华门街过景龙门直到新酸枣门，这条道路是东

1　〔宋〕王明清《挥麈录》余话卷一，上海：中华书局上海编辑所，1961 年。

京城最新的第二中轴线，是徽宗的太平盛世政绩表演建筑群。修好后的艮岳和西边的延福宫通过景龙门复道连接，北边跨过内城城墙，将城北的景龙江纳入园内。东到封丘门，西到天波门，城内外的园林融为一体，美轮美奂。从政和五年（1115）开始，景龙门和宣德门一样，有了上元节的观灯装饰，并且还比宣德门早一个月。上元夜前一晚，徽宗会在景龙门上设宴群臣，是为预赏。王安中曾列席景龙门上的上元宴，他描述了当时自己眼中的盛景：往东望去，是松竹苍然的艮岳；往南望，则是云烟灿烂的宫室；北为清江长桥，仿佛不在人间。楼下云集了东京市民，欢声四起。[1]

这就是丰亨豫大的景象吧。实现起来很难，但可以呈现。

世俗的东京城则阐述了另一个故事。大兴土木、宫廷开支增加等带来通货膨胀，平民乃至官员的收入因此大幅度缩水，经商便成为他们维持生计的不二选择。那时一般士兵的副业是发送快递，官员的副业则是开设邸店。花石纲的压力和赋税增加，让民众痛苦不堪。外地民众回报以一波接一波的农民起义，首都的居民则只能隐忍度日。虽然宣和年间的东京城看起来繁华如锦绣，可是普通市民的生活却并非锦绣上添的那些花。

---

1 《初寮曲宴百韵》，〔宋〕周辉《清波杂志》卷六。

　　普通市民们和贵戚们的园林豪宅无关，他们除了忍受通货膨胀之外，还因着皇帝的屡屡赐第而流离失所。那时候徽宗热爱给自己的大臣和皇子们拨地修建住宅，称为赐第。虽然一部分赐第占用的是已经废弃的禁军土地，但势必还需要拆除市民的房屋，如蔡京的西园便曾拆毁民居数百间。那些被赶出自己家园的平民因为得不到补偿，只能在那些豪宅外哭泣。御史中丞翁彦国曾上书痛陈此弊："一时驱迫，扶老携幼，殊非盛世所宜有。"

　　遥想太宗年间欲拓展宫闱，结果因为遭到周围百姓抵制而不得不作罢。太祖和太宗时代，皇帝在京城通常视察的是军营、中央机构和水坝的修建。而宋徽宗在京城最常做的事则是坐船在景龙江上和臣子雅致地游玩，或直接通过景龙江到蔡京府邸等地喝茶、弹琴、画画、办雅集，去上清宝箓宫参加林灵素主持的道教仪式，其乐融融。

　　正是这样的皇帝，正是这样的朝廷，在金兵撤兵以后不忙着部署防守反击，反而忙着清算旧账，主战派如李纲被一贬再贬，当初在宣德门为李纲请命的太学生们也逃不过宋廷的黑手。十月，金兵卷土重来，此次势在灭亡北宋，东西两路大军轻轻松松在一个月后会师于东京城下。十一月二十五日的晚上，金兵纵火烧了南薰门、陈水门、固子门、万胜门，接着又烧西水门、封丘门，共计十一座城门。闰十一月初一日，金兵攻善利门；初八日，攻宋门、陈桥门、东水门；二十五日，风雪大作，攻陈州门，这天从早到晚，旧城的所有门都被打开；二十六日，十六门全都被金军占领，东京城内成为一片火海，五岳阳德观、马草场、葆真宫接连起火，百姓被金兵和败退的宋兵洗劫，满城皆闻哭声震天；二十七日，宋钦宗亲上宣德门抚慰军民。然而就在当天，明达皇后宅起火，节明皇后宅起火，孟昌龄宅起火，五岳观起火……沿路民宅数千间陷于火海，太学被洗劫一空；二十八日，有谣传称金兵要洗城，百姓惶恐，在街巷间寻找藏匿之处，富人身披破衣，妇女都用灰墨来涂脸，想尽所有办法来求生。

在金兵步步紧逼下，靖康元年（1126）十二月三十日，钦宗带领三百人出朱雀门，亲自入金军青城寨大营投降。就是这样了。北宋的东京梦华在内外交困下一寸寸地陷落，然后被劫掠、焚烧、践踏。

又是一年上元来临。靖康二年（1127）正月，东京城的新主子金人也想赏一回灯，向开封府索取。于是宫里宫外、佛寺正店……所有的灯品都被开封府悉数掳来，恭恭敬敬地摆在主子的军营前。正月十四日，金军在军营内喜气洋洋地挂上了各式花灯，命令东京市民上城楼观灯。

那年的冬天格外冷，风雪不止，刮在脸上是刀刺一样的疼。上元夜，只见那些仓皇站在城楼上的人，背后是残破的城，面前的灯火阑珊和金人的歌舞，隔着泪眼来看，竟是一点都不愿意想起曾经了。

中 篇

埋在土里的先秦都城

无邪的青铜时代——甲骨文里的商都碎片

三千多年以前（公元前14世纪），商朝的第二十个王盘庚先生觉得该迁都了。

"天命玄鸟，降而生商，宅殷土芒芒。古帝命武汤，正域彼四方。"[1]自成汤开始，商朝才真正成为一个王朝。商

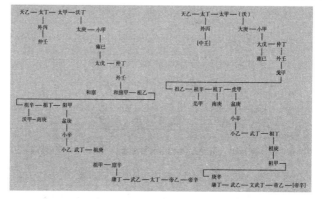

图11-1 商王朝世系谱（左侧为《史记·殷本纪》所载商王世系，右侧为卜辞所见商王世系）（唐际根《殷墟，一个王朝的背影》，科学出版社，2009年）

1 《诗经·玄鸟》。

朝绵延五百余年，三十几个王中，被后人记住的不过四个：成汤、盘庚、武丁和帝辛（即纣王）。成汤放逐夏桀，建都于"亳"（今河南省郑州市或偃师市附近）。盘庚在位二十八年间，最知名的事件则是将首都迁至"殷"，谓之"盘庚迁殷"。

远在成汤建立商王朝前，殷商一族便有八次迁徙。成汤之后、盘庚之前又有五次迁都，被称为"前八后五"。[1]迁都的原因一说是因为水患，一说是出于青铜器的重要性，须循着矿石资源的踪迹来选择都城。[2]到了盘庚当王的时候，商朝的首都设在奄（今山东曲阜）。为了给迁都找个理论依据，盘庚开始频频召集巫师占卜。在商朝，大家都相信乌龟壳或者牛肩胛骨烧裂后留下的纹路能够预示未来，因此养活了一大票巫师作为王和贵族的座上宾。世事太无常且无法把握。天何时下雨？打仗能否胜利？爱人生儿还是女？人们深知自己的渺小，畏惧上天，并且相信上天的信息一旦显现，必昭示着未来。

《尚书·盘庚》中记载，盘庚迁都前后，民众对迁都这件事颇有微词，加上贵族中有爱嚼舌根的，导致民间小道消息乱传，怨言极多。因此盘庚多次面向不同社会群体发表了重要讲话，对那些不愿意搬迁的奴隶主加以训斥和

1　〔汉〕张衡《西京赋》。

2　张光直《中国青铜时代》，北京：生活·读书·新知三联书店，2013年。

教育，对奴隶则威胁要夺掉他们的性命并不允许其后代在新都城繁衍。在《尚书·盘庚》这三篇演讲稿中，盘庚将迁都原因归为水患，并且冠以卜兆的暗示，说迁都是上天的意旨，是恢复成汤伟业的必要条件。

　　然而盘庚迁都的根本原因还是王族的纷争太乱。商朝有一种奇特的继承制度，王位兄终弟及，即兄长死了弟弟继位。但是在执行过程中屡屡走偏。比如太丁死后，本应由太丁弟弟外丙继承王位，结果太甲不买账，自立为王。类似的案例数不胜数，商朝的王位继承脉络根本就看不懂。据《史记·殷本纪》记载，由于常年存在争相代立的情况，商朝形成了九世之乱。王朝内部乱成一片，统治力量被削弱，导致出现了诸侯不肯来朝的局面。盘庚深受其害，认为只有将首都迁离现在的斗争圈，重新洗牌，削弱那些有可能争夺王位的奴隶主力量，商王朝才能摆脱内乱，恢复成汤时的盛世。

　　在几番苦口婆心细陈利害之后，盘庚号召民众："大家伙听我的，走吧！去追求美好幸福的新生活吧！我要把你们都迁走，在新都重新建设美丽家园！"（"往哉！生生！今予将试以汝迁，永建乃家！"）《竹书纪年》记载道："自盘庚徙殷都，至纣之灭，七（二）百七十三年更不徙都。"殷，即现在的河南省安阳市小屯殷墟。商朝时期的殷都，面积达到36平方公里。洹河、黄河、淇水和漳河环绕之下，这里的气候温润，农田肥沃，极其适合耕作。目之所及，只见树木葱茏，湿地遍野，大象、老虎、熊和犀牛在丛林间悠然踱步，水牛在沼泽地里欢快打滚。这里便是盘庚为子孙后代选择的新家。盘庚迁殷之后，商都从此不再迁移，争夺王位的斗争再未上演，经济社会生活一片繁荣至武丁中兴。

1899 年，住在北京城的国子监祭酒、金石学家王懿荣从达仁堂药店购回一批中药，其中有一味药叫作"龙骨"。他细细观察，发现"龙骨"上竟刻有符号，于是敏锐地察觉到一种文明存在的信息。1928 年 10 月，南京中央研究院历史语言研究所的学者董作宾揭开了安阳小屯殷墟考古挖掘的序幕。在此后的百余年间，小屯殷墟陆续展开考古发掘，李济、梁思永、郑振香……前赴后继赶赴安阳，于是尘封已久的甲骨文、各类青铜器、玉器、陶器大量面世。时至今日，考古挖掘仍在进行。随之一起重见天日的，还有数座宫殿的遗址和一座庞大的墓葬，这座墓的主人，是商王武丁的王后妇好。（见彩图 11-1、彩图 11-2）

妇好其实并非殷都的常住人口。她是武丁的第三任妻子，夫妻俩感情甚笃。殷墟出土的许多块甲骨都记录了武丁对妇好的关切。武丁甚至连妇好牙疼都要找巫师占卜："上天，妇好牙疼了，所为何事？"他在国家大事上也十分仰仗妇好。妇好是我国史料上记载的第一位女性军事统帅，也是朝内重要的祭司，协助武丁处理祭祀和政务。她聪颖且行事有魄力，擅长用兵，是当时率军最多的统帅、武丁的头号干将。妇好一生为国四处拓展疆土，征战无数，甲骨中曾多次记载武丁令妇好出征的事迹。和历史上诸多妃嫔不同的是，妇好有自己的封地，她平时居住在封地而不是皇宫里，她的封地每年向朝廷供奉的钱粮也颇为可观。（见彩图11-3）

武丁武功赫赫，是极其有为的一代英主，其创造的"武丁中兴"盛世依孟子所言，是"朝诸侯，有天下，犹运之掌"[1]的气魄。盘庚迁殷时首都人口不过万人，到了武丁统治时期，首都人口已经增至七万人左右。据《尚书·盘庚》中记载，迁都之后，盘庚首先确定民众的住地，接着确定宗庙朝廷的方位。商代都城布局具有一个显著特征，都城往往以东北为重心。殷墟如此，郑州商城和湖北盘龙城也如此。殷墟累计挖掘出五十六处建筑群遗址，最重要的宫殿区总面积达72.5公顷，位于东北部，全部显示为地面建筑。宫殿均为南北朝向，房屋结构是由柱础支撑的高大木构架，屋顶采用茅草顶。柱下面垫着排在同一平面的大块鹅卵石，可见三千年前就已经有测水平的技术了。（见彩图11-4）

宫殿是都城的核心。宫殿之外，是普通民众的寻常生活。他们在工作上各司其职。对于农民，武丁会派出专门的官员来组织他们农作。手工艺作坊里，工匠们每天孜孜

1　《孟子·公孙丑上》。

不倦地造出各类精美绝伦的艺术品。那时候的殷都居民均按照宗族关系而聚居。贵族住宅一般面积从50平方米到150平方米不等，一般的社会自由民住宅则多为30平方米左右，奴隶则只能悲惨地和牲畜们一起住在棚里。而不管身处哪个阶层，商朝人主食都是以小米为主，黍和麦也吃些，偶尔吃吃大米，但都只是将米粒用鬲或者甑蒸熟了来吃而已，并没有复杂的工艺。在填饱肚子之余，商朝人还爱煞了喝酒。他们将主食的一部分拿来酿酒，平民用陶做的酒器，贵族则用铜酒器来喝。不仅在世的时候离不开酒，死后更是要将酒器带到阴间，一刻都不愿分离。那时候啊，殷都的君民们有事问苍天，无事则喝酒跳舞唱歌，生涯虽短——普遍寿命只有三十余岁，但是简单而没有束缚。

武丁之后的商王在位时间都不是很长。传到商朝的最后一个王帝辛——也就是我们熟知的纣王手里，商朝已成了内外交困的烂摊子。因为王位继承问题，贵族内部乱成一锅粥；外面则征伐不断，纣王也是操碎了心。《荀子·非相篇》说他"长巨姣美，天下之杰也；筋力超劲，百人之敌也"。《史记·殷本纪》也不得不承认"帝纣资辨捷疾，闻见甚敏，材力过人，手格猛兽"。

来自西边的姬姓家族已经开始摩拳擦掌，悄悄将殷商的天下纳入了自己的算盘。公元前1046年，周武王姬发在伐纣前夜彻夜未眠。甲子这天清早，冬意还没有完全散去，周军以兵车三百乘，精锐武士三千人，于牧野（今河南新乡）大胜商军，随即便攻入别都朝歌。纣王被武王姬发亲手所杀，砍下头颅挂在旗杆之上，商朝的命数戛然而止。

武王伐纣，是否真是民意所向？纣王是否真如那些史书上写的罪不可赦？司马迁安给纣王的一连串罪名我们都耳熟能详，诸如宠幸妲己、酒池肉林、挖比干的心、创造炮烙酷刑之类。纣王的罪恶在《尚书》中只有六点，战国则增加了二十七事，到了西汉增加二十三事，及至东汉又增加了一事，东晋时增加了十三事。[1]

听听周武王姬发和周公姬旦自己是怎么说的吧。纵使《尚书》是伪作，也依稀能得到一些有价值的信息。周武王于牧野决战前说道："今商王受惟妇言是用，昏弃厥肆祀弗答；昏弃厥遗王父母弟不迪，乃惟四方之多罪逋逃，是崇是长，是信是使，是以为大夫卿士；俾暴虐于百姓，以奸宄于商邑。"[2] 周公说纣王"惟荒腆于酒，不惟自息乃逸""庶群自酒，腥闻在上"。[3] 他们的父亲周文王姬昌则说商纣"湎尔以酒"。所以说到底，商纣的主要罪行就两条：听信妇人言、爱喝酒。这还是排除历史往往由胜利者书写以及师出必须有名的因素后，勉勉强强找出来的两条。

倘若将姬家父子三人的添油加醋再刨去几分，纣王还

1　顾颉刚《纣恶七十事发生的次第》，《古史辨》第二册上编，上海：上海古籍出版社，1982 年。

2　《尚书·牧誓》。

3　《尚书·酒诰》。

能更无辜一些吗？是的，"惟妇言是用"——武丁便尊重妇好，以她为重，这也是错？"湎尔以酒"——商朝人人好酒。若说纣王真有错，那便是错在缺乏帝王的谋略，竟对早已虎视眈眈、四处拓展疆土的周人视而不见，对早有异心的哥哥微子启视而不见。他只顾着攻打东夷而元气大伤，以至于在牧野与周军对抗的并不是精英部队，面对有备而来的周军，战败在所难逃。

　　得胜后的姬发甚至有些心虚，他向商朝遗老箕子求教治国之道。箕子徐徐道出治国的九条方针，所谓"洪范九畴"振聋发聩，天人合一，无为而治[1]。他的理念与后来一名叫作老聃的史官的想法不谋而合。可惜姬发早早逝去，周公摄政，他的野心是多角度全方位地建立一种严格的统治秩序，帝王至高无上的地位再也不容动摇！诚如王国维所说，"中国政治与文化之变革，莫剧于殷、周之际"。也许物质文明发展到一定程度，原来那种颇显随意的管理方法便难以为继。于是再也回不到无邪又随意的商朝了，只有那首商人怀念祖先的诗歌，孤独地怀念着那段久远的青铜时代。

　　　天命玄鸟，降而生商，宅殷土芒芒。古帝命武汤，
　　正域彼四方。

1　《尚书·洪范》。

　　方命厥后，奄有九有。商之先后，受命不殆，在武丁孙子。武丁孙子，武王靡不胜。

　　龙旂十乘，大糦是承。邦畿千里，维民所止。肇域彼四海。

　　四海来假，来假祁祁。景员维河，殷受命咸宜，百禄是何！

周公旦和他的理想国

周武王失眠了，在伐纣得胜后回到国都镐京的当晚。

镐京在周王朝传统驻扎的西方，周武王时将国都从一水之隔的丰京迁至此地。两个国都各有分工，通常周武王习惯在镐京处理朝政，在丰京祭祀先祖。史书里并没有过多关于丰镐二京宫殿布局的记载。只能依稀想象应该是一座高大空旷的殿堂，武王在微弱的灯火之下但坐不语。四周一片寂静，也许还有鸟兽的鸣叫从不远处声声传来。夜一寸寸地深了，周公姬旦从门口走了进来，一脸关切。不过是一夜无眠，周公便能立刻知晓，可见两人住处相隔不远，又或者周公的思虑其实并不比武王少几分。

周公问兄长："为什么今天睡不着觉？"武王答："我还没想出能让周朝国运永昌的办法，哪有心思睡觉？那天我站在山上向商都眺望，已经细细观察过了，洛水、伊水地区离天室不远，是未来定都的好地方。"[1] 于是为了巩固周王朝在东方的统治，武王决定在洛邑设都，并马上安排人对洛邑进行了测量和简单营建。这便是洛邑的第一次亮相。

起初帝王家并不认为嫡长子是继承王位的不二人选，直到殷商还是典型的"兄终弟及"。周文王见姬发比长子伯邑考贤能，也是立姬发为太子，却跳过了贤能不下于姬发的姬旦。周公接受现实，从辅佐父亲过渡到辅佐兄长，常伴左右。及至武王重病之时，他甚至以自己为人质，设立三个祭坛，自己北面而立，请求上天拿走自己性命，以保兄长无忧，即使他求助上天的说辞分明带着一丝自傲。他说："上天啊，我多才多艺，能事鬼神。我哥哥才能并不如我，还是取我的性命走吧！"[2] 按照古代传说的基本走向，武王在周公代祷的第二天便恢复健康了，但这到底没有改变他早逝的命运，同时留下一个建都洛邑的遗愿等着被成就。

而这位后人安排他会解梦的，成为孔子偶像、儒家始祖的，是一切一切开始的周公姬旦，是周文王姬昌的第四个儿子。他有三位同母哥哥伯邑考、姬发和管叔鲜，其中伯邑考早早逝去——还不幸被后人在演义里编排了一个

---

1 《史记·周本纪第四》："我未定天保，何暇寐！""'自洛汭延于伊汭，居易毋固，其有夏之居。我南望三涂，北望岳鄙，顾詹有河，粤詹洛、伊，毋远天室。'营周居于洛邑而后去。"

2 《尚书·金縢》。

过于悲惨的结局；管叔鲜因不满姬旦在武王之后代成王摄政——其实已经是事实上的称王了——和弟弟蔡叔度、霍叔处以及纣王子武庚联合起事，史称"三监之乱"。这便是"周公东征"的起因。最终的结局当然是顺利的，周公将自己的兄弟杀的杀，流放的流放，安抚的安抚，还顺便一路向东收复了多座城池。

周公旦结束东征，是在公元前1040年。

此时的地球无比安静，除了西周、印度、希腊、巴比伦、亚述和埃及等有限的国度拥有文明，剩下的是一片沉默的蒙昧。周公旦，西周的实际统治者，此时并未意识到头顶那片辽阔星空下，仍有其他灵魂在各自灿烂。眼前的这片山河已占据了他所有的心思。（见彩图12-1）诗里曾经这么唱道："既破我斧，又缺我斨。周公东征，四国是皇。哀我人斯，亦孔之将。"[1]刚结束三年的苦旅，他兴许是真的疲惫了。

而回到镐京后的周公，发现虽叛乱已定，侄儿成王却已对他生了嫌隙。那时他做了些什么，又想了些什么？是一片苦心不被人领情的委屈，还是一贯的坦然？因为一切本在他意料之中？《尚书大传》说周公"一年救乱，二年克殷，三年践奄，四年建侯卫，五年营成周，六年制礼乐，七年致政成王"，翻遍稀薄甚至彼此矛盾的故纸堆，我发现

1　《诗经·豳风·破斧》。

自己还是很难还原周公的行为和心理。只有《尚书》里那一篇篇苦口婆心的训话穿透纸背:《酒诰》!《洛诰》!!《多士》!!! ……他似乎在得胜回朝后便闭门不出,花了两年的时间制礼作乐,然后在执政七年后,彻底还政于成王,自己北面而事君。

就在周成王亲政那年的二月乙未,成王大举祭祀先人,先是在镐京朝拜武王庙,然后步行至一河之隔的丰京朝拜文王庙,洛邑的重新营建正是在此时提上日程。[1] 成王命太保召公奭先行到洛邑勘察地形。同年三月,周公亲去洛邑占卜,得象大吉:"予惟乙卯,朝至于洛师。我卜河朔黎水,我乃卜涧水东,瀍水西,惟洛食;我又卜瀍水东,亦惟洛食。"[2] 于是决定以洛邑为国都,再次卜问鬼神,选定城址、绘制图纸,并安排由殷商俘虏组成的施工队伍紧锣密鼓地开工修建。

洛邑建成后,周公再次占卜,并把九鼎安放在这里,说道:"这里是天下的正中央,四方来朝贡走的路途是一样的。"[3] 九鼎的传说,自夏开始便已有之。各国人民将当地特殊的物画成图像,铸在鼎上,意为各地的通天动物都归王朝拥有。占有九鼎,意味着王不仅拥有各地方国的自然资

1　《尚书·召诰》:"惟二月既望,越六日乙未,王朝步自周,则至于丰。"

2　《尚书·洛诰》。

3　《史记·周本纪》:"周公复卜申视,卒营筑,居九鼎焉。曰:'此天下之中,四方入贡道里均。'"

源，还掌握各地的通天工具，是绝对的权力象征。九鼎安置于此，周公对洛邑的期许可见一斑。

成王亲政五年后，洛邑迎来了一场盛大的祭天仪式。"戊辰，王在洛邑烝，祭岁。"[1]1956年陕西省宝鸡县贾村出土的"何尊"（见彩图12-2）铭文里这样叙述道："惟王初迁宅于成周，复禀（武）王礼福自天……惟王五祀。"铭文还引用武王的话道："余其宅兹中国，自之乂民。""宅兹中国"是最早的关于"中国"称谓的记载。这与《尚书·召诰》里所述"旦曰：'其作大邑，其自时配皇天，毖祀于上下，其自时中乂'"不谋而合，意为需要把都城建在天下正中心，这样才有利于对民众的统治。这是天下之中、问鼎中原的开始。最高的权势集中于洛邑，各路诸侯从四方涌来受封。洛邑的开篇雍容大气，背后是武王的战略，倾注的则是周公的心血。洛邑，是为东都"成周"，原来的丰、镐二京被称为西都"宗周"。东西京畿相连，绵延千里，便是周王朝的国命所在。

据《逸周书·作雒》记载，洛邑的内城墙周长一共一千七百二十丈，外城的周长为七十里，南连洛水，北靠邙山。只有拥有宗庙的城市才是名正言顺的都城。洛邑的南郊设立有祭天的祭坛，中央设立大社。社坛由五色土——东青土、南赤土、西白土、北骊土、中央黄土——铺就。

---

1 《尚书·洛诰》。

立诸侯之时，凿取诸侯国所在方位的土，用黄土包好，再放到白茅之上，作为分封的象征。城内宫殿都是四角曲檐，墙上画有山云，藻井日月同辉，门上横梁也绘有华彩。殿基上凿出的台阶被涂成黑色，正门和内门高台也都是黑色门槛。除了宗庙宫殿之外，洛邑还设有西周时期最高的官署卿事寮。周、召二公自此东西分治，周公主理东都洛邑的政务工作。

这是周王朝两次城市建设热潮的第一次。以洛邑为范本，各大诸侯国也轰轰烈烈地展开了国都建设运动，《考工记·匠人营国》约莫就是在这段时间默默总结的理论，同时加上一些对理想国的想象，在春秋时期结集成书。《考工记》原是春秋时期记载公营手工业制造工艺和规范的文献。西汉初年，《周礼》的《冬官》篇遗失，才把《考工记》拿来充数。于是后人误以为这是周公的大作，殊不知连《周礼》都非周公亲作，更何况后补的《考工记》？

《匠人营国》虽然有过分理想化之嫌，但也可以从中粗窥到洛邑的城市规划理念和布局。它首先提出了王城的规划建设制度，"方九里，旁三门，国中九经九纬，经涂九轨。左祖右社，面朝后市，市朝一夫"。不仅规定了王城的形制、规模以及城门数量，同时还明确了王朝的交通干道网规划。在这个规划体系中，宫城是城市的核心。它位于城市的中心，拥有纵贯南北的中轴线，门、朝、寝、市依次分布在这条中轴线上。宫城之前为外朝，后面为市，宗

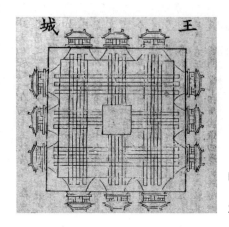

图12-1　周王城图
（〔宋〕聂崇义集注《新定三礼图》）

庙社稷对称分布在宫城前方的左右两侧。这便是伊始的宫、朝、市、祖、社的相对位置关系。整个城市道路网由三条南北及三条东西主干道构成，顺着城墙还有环城干道"环涂"，与经纬干道相连接。到了城外，则由"野涂"来沟通内外，形成棋盘加环状放射的道路体系。

这套营国制度的核心是森严的等级礼制。整个城市体系划分为三级，按爵位尊卑区分营建体制。以王城为基准，按二依次递减。"王城"为最高级，用九；"诸侯城"次之，用七；"卿大夫采邑"用五。以经纬涂的宽度为例，王城经纬宽九轨，诸侯城的经纬便只能宽七轨了。这样的规模控制，表面凸显王权的至高无上，实际上则确保了王权的控制能力。大城人口多、军事力量强，以大制小，才能保证周工的统治。《逸周书·作雒》中所述"大县立城，方王城三之一，小县立城，方王城九之一"佐证了这一点。西周初年，各级城市的规模控制极严，凡是超出相应的规模都犯了僭越王权的重罪。

以井田单位"夫"作为规划用地单位，以"井"作为基本网格，再以"经纬"作为坐标，形成了一个方正的网格状城市。这个城市以"九"为尊，规模和布局的每个细节都写满了森严的礼制秩序，尊卑有别，不可逾越！殷人重"亲亲"，殷王不过是诸侯的盟长，与诸侯之间没有明确的君臣关系。周人的"尊尊"，则将君臣关系坐实，辅以嫡长子继承制，将宗法与政治紧密相连。一如王国维所言，"周人制度之大异于商者，一曰'立子立嫡'之制，由是而生宗法及丧服之制，并由是而有封建子弟之制，君天子臣诸侯之制；二曰庙数之制；三曰同姓不婚之制。此数者，皆周之所以纲纪天下"。[1] 这正是孔子一心向往的"天下有道，礼乐征伐自天子出"，也是儒家思想一统中国后每个皇帝的理想国。

周公活了多久不得而知。只知道他在临死之前还心心念念要葬在洛邑，陪伴成王，可惜并没能如愿。他被成王安葬在丰京的文王墓地，说不敢以他为臣。

也许他们之间的嫌隙，从未消弭过。

1　王国维《殷周制度论》。

平原君，在被围住的邯郸城

赵孝成王九年（公元前 257 年），刚在长平之战坑杀了二十万赵军[1]的秦军乘胜追击，一举包围了赵国首都邯郸，形成了新一次的邯郸之围。

邯郸在史书中初次亮相于《春秋穀梁传》。公元前 456 年，卫献公因故杀了大夫宁喜，宁喜的弟弟鱄逃到邯郸，"织绚邯郸，终身不言卫"。"绚"意指古代缝在鞋头上的条带，鱄转行从事鞋类制作，隐藏功与名，再也不谈起卫国的事情了。

商周时期，工商业被奴隶主贵族垄断，称为"工商食官"。及至春秋晚期，这个制度逐渐崩溃，工商业发达的城市里开始出现了独立的手工业者和商人，他们不仅可以从事个体劳动和经营，还可以在国家、城市之间自由迁移。[2]

1　一谓四十万。

2　侯仁之《邯郸城址的演变和城市兴衰的地理背景》，《历史地理学的视野》，北京：生活·读书·新知三联书店，2009 年。

一个卫国的贵族逃亡到邯郸，可以以手艺活维持生计，足以说明当时邯郸工商业之发达。到了赵襄子统治赵国的第三年（公元前455年），邯郸更是以"仓库实"闻名于诸国。[1]此后史书里的邯郸便与战争难分难舍，据《左传》记载，在公元前497、公元前494、公元前492、公元前491各年均有战争发生在邯郸，佐证了邯郸日趋重要的战略地位。

春秋时期，邯郸本属于魏国，后来又属晋国，直到战国初期才划归赵国。赵敬侯元年（公元前386年），因为相中邯郸的繁华和地处交通要道的地理优势，从中牟（今河南省汤阴县西）迁都到邯郸，自此之后邯郸便一直是赵国的都城，直到为秦所灭。

邯郸由"一宫"和"一城"组成，"宫"即迁都后新建的宫城，"城"即春秋时期便建好的邯郸城、后来的外郭。宫城由北、西、东三个宫城连接成不规则的"品"字形，合在一起称作"赵王城"，分布有宫室、宗庙、社稷和官署。其中西城的中部建设有三进的高大宫殿，形成一条南北向，包括外朝、内朝、寝宫在内的中轴线。

邯郸的"郭"称作"大北城"，地处赵王城的东北方向，从赵王城有御道直通大北城。大北城呈不规则的长方形，东西宽3.2公里，南北长4.8公里，总面积约为14平方公里。大北城承担经济活动中心区的职能，分布有手工

1　〔宋〕司马光《资治通鉴·周纪一》。

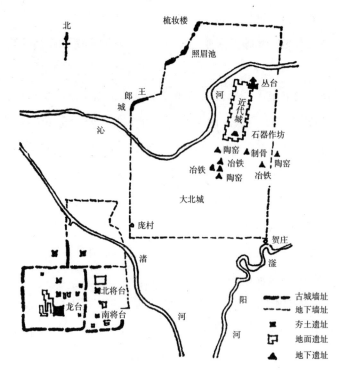

图13-1　赵都邯郸遗址示意图
（董鉴泓《中国城市建设史》，中国建筑工业出版社，2004年）

业作坊、商业区以及平民和贵族的居住区。战国时代，邯
郸是重要的冶铁业中心之一，彼时的邯郸人郭纵正是因为
经营冶铁业成为战国巨富。[1]邯郸手工业作坊经营的产业众
多，除炼铁之外，铸币、铸铜、烧窑、制造骨器、石器的
作坊应有尽有。大北城的东北部也不乏大量王室的离宫别

1　〔汉〕司马迁《史记·货殖列传》。

馆，当你走过宫女们梳妆照眉的梳妆楼和照眉池，还能看到赵武灵王用于检阅军队和欣赏歌舞的丛台。

于是你来到大城市邯郸，欣赏和学习邯郸市民优雅的仪态，流连在大北城的繁华市集、楼榭连绵、园圃葱葱之间。直到平原君赵胜的豪宅高楼赫然出现，定睛一看，简直羡煞人也。一贫如洗的你只剩如簧巧舌，当下决定投靠平原君门下，正好碰上平原君纠集了所有门人商讨救赵大业。几十万人被血洗沙场，细细追究起来还有他的过错，如今秦军在城外磨刀霍霍，赵胜此刻心里之焦灼可想而知。

平原君赵胜！赵武灵王之子，与魏国信陵君魏无忌、楚国春申君黄歇、齐国孟尝君田文共享"战国四公子"的名头。他可是太史公口中的"翩翩浊世佳公子"，一生"三去相、三复位"，前后相赵四十八年，在赵国权倾朝野。他有门客千余人。更是豪富之家，后宫以百数。邯郸城里的第一座，也是中国历史上的第一座高楼，便由他建造。

后人有诗写他："平原君，起朱楼。美人盈盈楼上居，蹒跚跛汲彼何叟，美人一笑蹒跚愁。"[1] 说的便是被平原君养在高楼的美姬引发的一起血案。某日，该美人看见楼下有个瘸腿老头正在蹒跚打水，形态滑稽，吃吃笑之。瘸子抬

1　〔元〕杨维桢《平原君》。

头见美人笑他，自然深受刺激。不巧他正是平原君养的一名门客。第二天他便去找平原君麻烦，振振有词说道："我听说您尊重士子，因此才不远千里而来投靠。谁料到您重美人胜过门客！要知道我腿瘸已经很凄惨了，竟然还被人笑。我什么都不要，就要她的人头！"

　　面对这个匪夷所思的要求，平原君一开始并不领情，转身就跟人议论"这个心理扭曲的变态"，结果后来门客竟然因此流失大半。平原君无奈，为了挽回门客们的心，对美人竟当真痛下杀手。清朝人吴绍在《咏古》一诗中对此不免一叹："公子翩翩信绝伦，拟将豪举却狂秦。不知宾客成何事？枉煞楼头斩美人。"在强秦威胁之下，美人岂能不识大体取笑士子！对于平原君来说，美人杀就杀了，还有什么比国事更重要？

　　大敌当前，平原君被门客一通数落，再也不能安享豪宅内的美人美酒，而是一边疏财接济市民，一边培养死士队伍出城解燃眉之急。此外，他派了使节潜入魏都大梁，去向自己的小舅子信陵君魏无忌求救。同时自己带着毛遂等二十名门客亲赴楚国，寻求合纵。信陵君向来与平原君交好，在魏王面前频频请命。可魏安釐王畏惧强秦，迟迟不肯发兵。信陵君不得已，在门客侯嬴[1]的帮助下，杀了领

---

[1]　前情提要：《五个男人和他们的城》——魏国首都大梁城亦即后来的北宋东京城。侯嬴曾是大梁城的夷门监，被信陵君发掘养于门下。

军的晋鄙，窃取兵符，发兵救赵。毛遂则在楚国一鸣惊人，
一番慷慨陈词，令楚考烈王不顾自己和秦国的盟约，派春
申君黄歇领兵驰援。楚魏兵至，邯郸危机终得解除。

　　所以你瞧，战国四公子可不会忙着炫富、娶明星、秀
文化下限。他们都是大贵族，锦衣玉食当然是一定了。可
他们同时心系国家存亡，每人身上都是满满的故事，养的
门客比美人可要多得多，比如春申君的门客最多时达到
三千余人，位列战国四公子首位。在这个兵荒马乱、百家
吵架的战国时代，周王室苟延残喘，洛邑缺少建设维护经
费，早已经残破不堪。其他的城市建设与发展，则偏离了
周公最初设想的理想国路线。

　　西周初年，周公共立了七十一个国家。当时立国的第
一件大事是兴建城市，诸侯国都加上士大夫采邑，城邑总
共应该能有百余座；到了春秋时期，诸侯争霸，更加忙着
修筑城池，城市数量呈几何级数增加。按照《左传》的记
述，累计应有 466 处城池，光筑城行动就累计记载了 68
次。进入战国时期，战事更加频繁，城市数量进一步疯狂
增长，到了秦统一之初，城池有八九百之众。[1] 根据赵奢所
述，"今千丈之城，万家之邑相望也"。[2] 战国时期，各类城
市已经是星罗棋布，彼此相望。

---

1 ［清］杨守敬《嬴秦郡县图序》："秦县当八九百矣。"
2 《战国策·齐策三》。

　　不仅城市的数量多了，城市规模也不再遵循周礼的等级要求。当时超过 10 平方公里的城市就有秦都雍城、鲁都曲阜、秦都咸阳宫城、魏都安邑、魏都大梁、齐都临淄、楚都郢、赵都邯郸、郑韩故城、燕下都等不下十座。这些战国一线城市的建制早已超过天子之城方九里的规模。其中最小的秦都雍城面积都达到了 10.5 平方公里，居中的齐都临淄为 15 平方公里，最大的燕下都约为 32 平方公里！

　　西周初期，天子王畿和诸侯国都执行的都是"乡遂"和"国野"制度。"乡"指的是国都和近郊区的居民群落，"遂"是指"乡"以外较偏远的居民群落，也称为"鄙"或"野"。居住在"乡"的居民叫作国人，居住在"遂"的居民叫作"庶人"或"野人"。国人是自由民，有参政权利，亦能接受教育，同时具有服兵役和劳役的责任。庶人则必须在井田中服役，从事农业生产。进入战国，国野的界限渐渐模糊。各类文化典籍得以传播，"野人"也接受了乡校的教育，脱颖而出者众，贵族不再是唯一有发言权的人。此外另一部分"野人"还纷涌进城务工，作为"市佣""庸保"[1] 的人，出现了野与市争民的现象。城市中"市"的内涵得以加强，城市不再是以王侯贵族人口居多，人口结构发生了变化，城市人口日益集聚，大中城市人口占到全国总人口的五分

1　市佣：市肆中受雇而从事劳役的人；庸保：受雇于人，充当酒保、杂工等贱役的人。

之一到三分之一。

　　让我们再次回到邯郸。春申君黄歇联合信陵君救完邯郸，三公子在城内把酒言欢畅谈国际军事形势自是不用说。之后春申君顺道灭了鲁国，却无法再回到曾经的郢都了。二十年前（公元前 278 年），秦军已将郢都纳入囊中，楚国被迫迁都于陈县。郢都作为楚国都城二百余年，见证了楚国全盛时期的辉煌。

他们眼里的郢都

孟子说楚国的史书叫作《梼杌》，当然早就散佚了。[1]
梼杌相传是一个凶神或者恶兽。楚人以此为史书名称，想
必觉得这个梼杌非但不可怕，反而是稀松平常，说不定还
很可爱吉祥。中原人的史书叫《春秋》，文雅得紧。楚人却
给自己的史书起个如此吊诡的名字，大家可以初步领略一
下这个国度的风土人情。

那么，楚国的首都郢都，会是一个怎样的城市？

首先让我们问问那些去过的人。

来自天子王畿洛邑的外交家苏秦先生接受了我们的
采访。他曾两次造访郢都，两次的心情截然不同。第一
次，他得以目睹郢都的繁华与楚国的强大。这里"高堂邃
宇，槛层轩些；层台累榭，临高山些"[2]。楚国的宫殿往往修

---

1 张正明《楚史》，北京：中国人民大学出版社，2010年。

2 《楚辞·招魂》。

在高台之上，视野开阔，殿宇更是高大深广。宫殿错落有致地分布，形成一个宏大又纷繁的建筑群。殿内宫墙上绘有色彩大胆的壁画，细腰的楚鼎端放在大殿之中。（见彩图14-1）苏秦屹立在殿堂中央，注意力没有丝毫放在这些异于中原的装修陈设上，而是直视楚威王，痛陈利害："楚，天下之强国也；王，天下之贤王也……（楚）地方五千余里，带甲百万，车千乘，骑万匹，粟支十年，此霸王之资也！"[1]为的是说服当时的世界第一大国楚国加入对抗强秦的六国合纵。楚国已是苏秦的最后一站，他从齐国临淄城颠簸至此，总算努力没有白费。自此合纵大业既成，他怀揣六国相印，风头一时无两。

合纵最后葬送于六国各自暗怀的鬼胎中，函谷关终究是六国大军不可逾越的屏障。苏秦第二次来到郢都时，面对的已不是雄才伟略的中兴之主楚威王，而是心机欠缺、一派天真无邪，因此屡被张仪欺骗的楚怀王。郢都也不复当日的锐意进取，而是奢靡缓慢。贵族们各家独大，仿佛国际上的风云突变与自己无关，只要当一群安静精致的美男子，懂得些艺术鉴赏和宫斗方法就可以了。苏秦足足在驿馆等了三天才被安排进宫谒见，见到楚怀王时他不禁挖苦道："楚国之食贵于玉，薪贵于桂，谒者难得见如鬼，王

1　〔汉〕司马迁《史记·苏秦列传》。

难得如天帝。今臣食玉炊桂，因鬼见帝。"[1]损得够可以。物是人非，不管是苏秦还是楚王，当年那些俯拾皆是的辉煌就像郢都城墙剥落的砖土一般，不过信手拂去罢了。

按下时间的倒退键，我们拍拍吴王阖闾的肩膀。他摇摇头，似乎不愿想起他当年的郢都之行，成功似乎唾手可得，却又失之交臂。那时他正意气风发，陪他一起进入郢都的是伍子胥和孙武率领的军队。这是一支来者不善的队伍，怀的是伍子胥满门被楚平王所害的仇，安的是刚刚强大起来的吴国一举灭楚的野心。吴军攻破郢都的那天，自吴王以下的各将领按照尊卑顺序分别住进了楚宫和令尹、司马等官员的府邸。吴王阖闾斜眼看向这个被自己踩在脚下的城市，却忽视了楚人眼里燃着的恨。

一夜之间，郢都看似换了主人，可吴人绝对别想待得安稳。刚烈的楚人们因为感念楚昭王的恩德，不惜与吴国军队拼命，以至于有一天晚上阖闾仓皇换了五个住处。吴军占领郢都十个月，久到没有必要的程度，却到底没有灭掉楚国。伍子胥的昔日好友申包胥星夜赴秦，在秦宫外长哭不止，终于带来了秦国的援兵。在秦军协助和楚人的奋力拼杀下，楚昭王得以复国。回到满目疮痍的宫殿之时，楚昭王悲愤不已，狠狠在铜鼎上斩断自己的贴身佩剑，转身离去。

---

1 《战国策·楚策》。

再往前看，还有对郢都的宫殿念念不忘的鲁国君主们。他们并非因为军事或者政治的影响和郢都发生联系，而是把楚宫的华丽默默揣在脑海里，然后回国各自怀念。这是一种多么单纯的情怀啊！在闹心的春秋战国时期尤为可贵。尤其是鲁襄公，他太爱灵气逼人的楚式建筑了，以至于在自己那中规中矩的都城里仿造了一座小型的楚宫。公元前542年春，楚宫一落成，鲁襄公便马上住了进去。可惜还来不及好好享受，就在那年夏天，鲁襄公便在心爱的楚宫中死去。

后来的鲁昭公似乎也是楚国宫殿的忠实粉丝。楚灵王为章华台的落成典礼给天下所有诸侯都发了请帖，其他诸侯都觉得这人简直太胡闹浮夸，纷纷不予回应，唯有鲁昭公高高兴兴地赏脸前来。在美轮美奂的章华台上，拘谨的鲁国君主和放浪形骸的楚灵王把酒言欢不知多少昼夜。楚国特有的地宫（设于宫殿的半地下室）无休无止地循环奏乐，那些编钟啊，瑟啊，磬啊的热闹声响从地宫传到大殿上，竟是后世音响各种精密设计才能拥有的混响效果。"竽瑟狂会，揎鸣鼓些。宫廷震惊，发《激楚》些。"小腰秀颈的楚国舞女们跳起了《激楚》，《激楚》在楚国宫廷乐舞中的地位正如唐朝的《霓裳羽衣曲》。舞女们梳着时髦的发髻，唇角噙着媚而不娇的笑，脸上的妆容"粉白黛黑"，短眉俏丽，红唇似染，把鲁昭公和楚灵王的狂欢夜晚跳成了江南的一场梦境。（见彩图14-2）

如果一直可以这样醉生梦死该多好。

其实章华台并非修在郢都，而是在江南之梦——云梦泽中一隅。云梦泽位于郢都以东，东西约八百里，南北不下五百里，在这广袤的范围里有山川河泽、森林耕地，鸟兽繁衍、溪流交错。这里是楚王室的禁地，禁止民众在此私自开垦。楚灵王在刚杀了自己的侄儿抢到王位后不久，便下令在江南之梦建造章华台。整个工程历时五年，在公元前535年正式落成。伍子胥的祖父伍举陪楚灵王登上章华台的时候，楚国尚看不出什么颓唐来。国力在巅峰，有足够的土地和金钱供灵王来挥霍。伍举苦心相劝，希望能在悬崖边缘拉住这个挥霍的国王，而楚灵王无视伍举的劝阻，在接下来的日子里把穷奢极欲做到了极致。他眼前只有这座"以土木之崇高、彤镂为美"[1]的章华台，这里蚌壳铺就的地面闪着洁白晶莹的光，红色的火烧砖垒成宫墙，这是楚人最爱的赤色。老臣的忠言连逆耳都做不到，而是消弭在十丈高台上格外强劲的风中了。

那时楚灵王时常斋戒洁鲜，以祀上帝，礼群神，躬执羽绂，起舞坛前。他似乎独爱在章华台设宴，沾沾自喜的小心思一看即明。在中原诸侯前显摆也就罢了，就连蛮夷狄王的使者到楚国，他都要在章华台上设宴。使者的登台之旅似乎格外漫长，不知是因为台高力穷，还是因为途中美景太过诱人，使者一共休息了三回，等到章华台顶，只

---

[1]《国语·楚语》。

见灵王得意扬扬地问道："贵国有这么高的台吗？"

对楚灵王来说，郢都太小，哪里比得上美妙又广袤的江南之梦，有配得上章华台的尺度。被楚灵王嫌弃的郢都，是楚文王苦心奠下的基础。一路走来，楚人从被商人追杀，到被周人忽视，筚路蓝缕，终成霸业，从周成王分封的区区五十里地经营到地方千里，从小小的村落到流光溢彩的华美之都。这是一个值得大书特书的创业故事。在故事的起初，楚国不过是一个被"中国"人嗤之以鼻地称为"蛮夷"的边远小国。《春秋》偏执地叫了楚国国君多年的"楚子"，无视楚武王早就自称为王的事实。在试图向中原靠拢若干次未果之后，楚人索性不和中原一起玩了，改而励精图治，谋求自强。

和中原不同，楚人尊火神祝融为祖先，喜爱凤的图腾，崇尚浴火重生的美。在一鸣惊人的楚庄王之前，楚人是中原礼乐文明之外的异类。楚人笃信鬼神卜卦，一遇祭祀必鸣鼓起舞。楚人爱美，例如楚文王好獬冠，屈原好高冠奇服。楚衣色彩鲜艳，以至于墨子经过楚国时也入乡随俗，"衣锦而吹笙"。楚国男人崇尚蓄须，骁勇善战，几乎人人都佩带一把寒光逼人的青铜剑。楚国女人则丰肉微骨，长发垂至脚踝，腰盈盈一握，回眸一笑，是野性挟带着凌厉的媚，"丰肉微骨""小腰秀颈"。[1]（见彩图 14-3）

1　《楚辞·大招》。

其实在楚人的词典里，"郢"并不是首都的专门称谓。凡是有宫殿的地方，楚人都把它叫作"郢"。因此可以同时有几个郢的存在，仅仅以其所在地名来区别。作为首都的郢，第一个在汉水之阴，第二个在长江之阳。吴王阖闾攻破却无法占领的郢都在汉水之阴，从昭王十一年冬开始作为首都的"栽郢"，则在长江之阳，原来的郢都被改称为"鄢"。楚人恋旧啊，即使换了新的都城，还是固执地叫它同样的名字。

就让我们还是称栽郢为郢都吧，楚国在这里度过了二百余年的光阴。这个郢都面积约 16 平方公里，拥有二十万人口，是战国时期数一数二的大城市。郢都宫城里

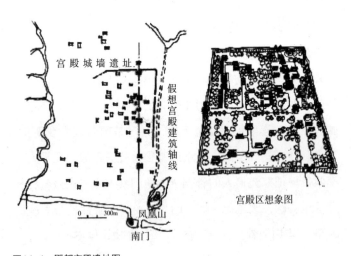

图14-1 郢都宫殿遗址图
（窦建奇、王扬《楚"郢都（纪南城）"古城规划与宫殿布局研究》，《古建园林技术》，2009年）

既有国王居所，也有贵族府邸和宗庙。全城由"井"字形干道连接八座城门，"十"字形干道通往四座水门，每个城门有三个并行的门道。城正中和中南部是宫殿区，宫殿区以北是市场区，符合周礼"面朝后市"的规定。城西北、西中和西南部是居民生活区，中部和中北区分布着纺织、冶炼等作坊、商业区遗址，可见当时的繁盛之状。

把夯土建成的六七米高的城墙抛在身后，一进入城门，就可以看到郢都的道路纵横交错，车马交织在一起，因此车辆剐蹭事件多有发生。走在街上的市民实在是太多了，以至于每走一步都能摩擦到彼此的肩膀。[1] 别的国家"士农工商"的排序，到楚国就调了个儿。楚人重商，郢都内商贾云集，店肆林立，其中闻名的商肆有蒲胥之市 [2]、屠羊之肆 [3]、枯鱼之肆 [4]。郢都的市场每天都人声鼎沸，通常早上穿着还崭新的衣服，到了晚上回到客栈，就已经破破烂烂了，这实在是一种甜蜜的苦恼啊。

公元前 278 年，楚顷襄王二十一年。

春天是楚国最好的时光，万物复苏，草长莺飞，云梦泽上雾气缭绕，树林里还能看到大象在闲庭信步。楚人以

---

1 《太平御览》卷七百七十六："桓谭《新论》曰：'楚之郢都，车挂毂，民摩肩，市路相交，号为"朝衣新而暮衣弊"。'"

2 《左传·宣公十四年》。

3 《庄子·让王》。

4 《庄子·外物》。

为还可以继续开开心心地唱歌跳舞谈恋爱。贵族们用着绚
丽的漆器，穿着最好的丝质衣服，衣衫花纹繁复，总能引
领战国时尚潮流。大冶的铜矿山则源源不断地为郢都送
来青铜原料，给工匠们最好的素材来锤炼各种艺术品。百
姓们在市场上走着走着便唱起来了，唱着唱着也能跳起
来——曾经有人在郢都街上开口唱歌，最初唱的是《下里》
《巴人》，唱的时候竟然有数千人来唱和。而当他唱《阳阿》
《薤露》时，就只有数百人唱和了。[1]

图14-2 楚国服饰纹
样（凤鸟纹绣衣，出
自沈从文《中国服饰
史》，陕西师范大学
出版社，2004年）

　　然而白起来了。于是郢都陷落，夷陵的王族墓地也被
焚毁。"皇天之不纯命兮，何百姓之震愆！……发郢都而

1　〔梁〕萧统编，〔唐〕李善注《文选·宋玉对楚王问》。

图14-3　飞廉（鹿角飞鹤）
（湖北省博物馆藏）

去闾兮，怊荒忽其焉极？"[1] 屈原哀泣道。章华歌舞终萧瑟，
楚宫最后俱泯灭。[2] 屈原跳了汨罗江，心里想着昔日郢都的
龙门。如今我们听着埙吹奏的《哀郢》，悲凉都能从脚底升
起。楚人从此再无郢。

　　飞廉，是凤的别种，楚人视其为风神，楚人认为人的
灵魂若想要登天，必须有风的协助才行。《离骚》中，屈原
幻想自己翱翔于天际，"前望舒使先驱兮，后飞廉使奔属"。
有月神望舒在前面照明，风神飞廉在身后助力，这样的巡
游自是顺遂，浪漫得一塌糊涂。试想那些升入天际的楚人，

1　〔战国〕屈原《九章·哀郢》。

2　〔宋〕陆游《哀郢》："章华歌舞终萧瑟，云梦风烟旧莽苍。"〔唐〕杜甫《咏怀
　　古迹五首》："最是楚宫俱泯灭，舟人指点到今疑。"

他们成群结队，都有飞廉在前引路。他们不喜游龙于海，偏爱凤舞九天，翱翔于云层之上。飞到哪里去？那就跟着飞廉一起飞，总要回到那个叫郢都的家里去。

临淄：稷下学宫的日常

公元前 399 年，苏格拉底受审，被判处死刑，在希腊思想最自由的城市雅典。多次暗示自己是苏格拉底弟子的柏拉图因此深受刺激。他后来反复提及审判的情节，似乎是对制度失望到了极点。于是柏拉图离开希腊，云游列国，相传他在四十岁那年才回到雅典。公元前 387 年，柏拉图在雅典城外西北角创立了自己的学校——柏拉图学园。学园存在了九百多年，直到公元 529 年，查士丁尼大帝下令将它关闭。

柏拉图学园大部分的学习活动在公园里公开进行。那时的天气想必好得不像话，人们和自然之间没有任何遮挡，享受着至为澄澈的蓝天、至为自由的空气。柏拉图和他的学生们就那么坐在草地上，谈论怀疑主义和几何学，辩证法和天文。他们在探求真理，孜孜不倦，诚如柏拉图所设想的那样。在学园里念了二十年书的亚里士多德说了，"吾爱吾师，吾更爱真理"。真理是什么？柏拉图从来不教授。

他反对讲学收徒的方式，而是鼓励思考，引导讨论。真理在他们的讨论中越辩越明。

公元前 386 年，在地球的另一端，也是在海边，齐国的田和夺走了姜太公后裔的高山大海。田氏的祖先是齐桓公十四年（公元前 672 年）从陈国逃来齐国的公子陈完。经过 286 年的漫长酝酿和经营，田氏通过争取民心、培养军力、广交诸侯、扩大封地，逐步拥有了整个齐国。公元前 386 年，田和得到了周天子的许可，正式成为齐侯，是为齐太公。

公元前 374 年，田和的儿子田午（前 400—前 357）杀掉自己的哥哥和侄子，自立为（田）齐桓公。田午弑君之后，国内局势不稳，国外诸侯也趁火打劫、争抢地盘。面对名不正言不顺的统治和危机四伏的国际局势，田午想出了一系列办法来巩固自己的统治。其中之一，便是建立一个能够吸纳各国人才的机构，取天下所有的智慧为己用，来对抗别国的威胁。

于是田午在临淄城西南角的稷门外创立了稷下学宫。据东汉末徐干《中论·亡国篇》记载，"齐桓公立稷下之宫，设大夫之号，招致贤人而尊崇之"。同样起因于一场死亡，哲学家亚里士多德和野心家田午，在同一个时期，为了不同的目的，选择了同一项事业。

临淄城大，15.5 平方公里的面积载民"七万户"，按每户五人计算，总计三十五万人，即使按现在的标准都快是"中等城市"[1] 了。临淄有大小二城，小城在大城的西南隅，两城衔接在一起。大城应为姜太公受封时修筑的城池，小城则为战国以后修建，似是田氏代齐后为自己修的新城。小城的西北部有一条河道，河道之南即"桓公台"，台高 14 米，基座呈椭圆形，东西长 70 米，南北长 86 米。桓公台周围便是建在生土上的大规模高台建筑群。宫廷区，包括宗庙、路寝、檀台、柏寝、夫人之宫等，尤其是齐宣王所营建的共有三百个房间的"大室"，"大盖百亩，堂上三百户，以齐国之大，具之三年而未能成"[2]，当也在这一片。战国时期，台是最常见的建筑物。台多呈方形，用土来建筑。台上面修有亭榭，用来登高远眺。将殿基修筑得高大巍峨是当时的潮流，战国七雄均"高台榭，美宫室""殿基高巨"。

旅行家苏秦先生再次登场，发表了临淄游后感，"临淄之中七万户……其民无不吹竽鼓瑟，弹琴击筑，斗鸡走狗，六博蹋鞠者。临淄之涂，车毂击，人肩摩，连衽成帷，举袂成幕，挥汗成雨，家殷人足，志高气扬"。[3] 临淄这个城市，人多! 有钱! 热闹! 交通拥堵 (到郢都时也这么说，苏秦可真是词穷)! 市民热爱音乐表演和竞技体育，一个

---

1 《国务院关于调整城市规模划分标准的通知》(2014)：城区常住人口 50 万以上 100 万以下的城市为中等城市。

2 《吕氏春秋·骄恣篇》。

3 《战国策·齐策一》。

个都趾高气扬、神气十足。苏秦所见的繁华之景，多半是发生在"庄、岳之间"了。

"庄""岳"是临淄城最宽的两条大道。岳宽 17 米，位于宫城以北的大城中部，呈东西走向，道路之宽，足可在此陈师列阵。庄宽 15 米，位于大城北部，同为东西向大道，两条大道相距约 800 米。"庄、岳之间"则是临淄城内最热闹繁华的地方，即"国市"。国市约 500 米见方。晏子就住在市的附近。据《左传·昭公三年》记载，齐景公好心好意地建议晏子换个居所，说他住的地方地势低、地方小，又离市场太近过于喧闹。晏子义正词严地谢绝道："君之先臣容焉，臣不足以嗣之，于臣侈矣。且小人近市，朝夕得所求，小人之利也，敢烦里旅？"结果齐景公趁晏子出使晋国时，把晏子的住处给换了。晏子回国后，不慌不忙拜谢完齐景公后毁掉新房子，然后造了间和原来一模一样的小房子来住。

值得一提的是，同样在昭公三年，晏子还说道："国之诸市，屦贱踊贵，民人痛疾。"[1]齐景公治下的齐国，赋敛严重，刑法甚严，遭受刖刑的人太多，以至于国市里受过刖刑的人所穿的鞋子（踊）要贵于一般的鞋子。"公弃其民而归于陈氏。"晏子最后说，他早已看到了田氏代齐的可能性。

---

1 〔晋〕杜预注，〔唐〕孔颖达疏《春秋左传正义》。

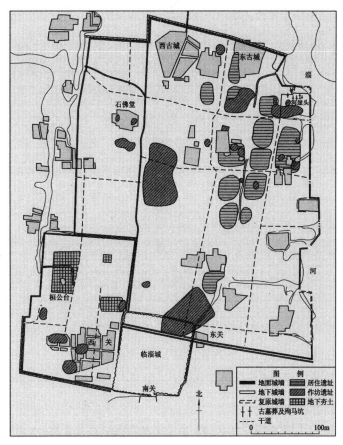

图15-1　齐都临淄城复原推测平面图（《中国大百科全书》第二版，中国大百科出版社，2009年）

　　（田）齐桓公将稷下学宫修在了自己的桓公台附近。齐威王即位后有意或无意地沉沦了一阵，接下来"不鸣则已，一鸣惊人"，他任用法家美男子邹忌为相国，田忌为大将，孙膑为军师，于是齐国大治。齐威王曾与魏惠王一起打猎，本来就很浮夸的魏惠王炫耀自己有"径寸之珠"十枚，齐威王回答道："哦，我对宝贝的看法和你有点不一样呢。"（"寡人之所以为宝与王异。"）他所指的是自己拥有的人才，这些人才的光芒"将以照千里，岂特十二乘哉"！那位修建"大室"——但后来接受香居的建议中止了这一建设行动的齐宣王，同样也是雄才大略的齐宣王，稷下学宫正是在他的手中达到了顶峰，"宣王喜文学游说之士，自如驺衍、淳于髡、田骈、接予、慎到、环渊之徒七十六人，皆赐列第，为上大夫，不治而议论，是以齐稷下学士复盛，且数百千人"。[1]"自如淳于髡以下，皆命曰列大夫，为开第康庄之衢，高门大屋，尊宠之。览天下宾客，言齐能致天下贤士也。"[2]

　　《尔雅》里说"四达谓之衢，五达谓之康，六达谓之庄"。齐宣王用四通八达的康庄之道通向高门大屋的稷下学宫，给予稷下先生们尊宠的政治地位、优渥的生活条件、不治而议论的权利。于是四方士子云集于此，竞达千人之众。

1　〔汉〕司马迁《史记·田敬仲完世家》。

2　〔汉〕司马迁《史记·孟子荀卿列传》。

很难想象吧！两千多年前的轴心时代，地球上不仅在柏拉图学园有智慧在发声。在我们这个似乎无趣多年的国度，竟有如此活跃而浪漫的景象存在。那里没有非黑即白，那里不会只允许有一种思想，不然设学宫何益？思想在争辩中碰撞与融合。那时国君也会时不时背着手走进稷下学宫的庭院，听听士子们吵架，然后择善或综合各种观点，适用于国策。类似于清朝国子监学生还得跪在辟雍外聆听万岁爷教诲的事情，在稷下学宫绝不可能出现。

"六国之时，贤才之臣，入楚楚重，出齐齐轻，为赵赵完，畔魏魏伤。"[1] 那是士阶层崛起的年代，得良士等同于得到治国兴邦之策。士的地位之关键成为列国间的共识。因此礼贤下士成为必需。当初孔子周游列国时有如丧家之狗的凄凉已是历史了，孟子周游时已是"后车数十乘，从者数百人，以传食于诸侯"[2] "先秦诸子之学，当以前此之宗教及哲学思想为其因，东周以后之社会情势为其缘"[3]。正是因为士阶层身份的变化，各国间现实的竞争，辅以几位明主的用人策略，才有了稷下学宫的辉煌。这不是一起突发事件，而是一个缓慢积累的过程。孔子哀号的"礼崩乐坏"才是"百家争鸣"的前奏[4]。让我们拍手叫好吧，正是因为

1　〔汉〕王充《论衡·效力》。

2　《孟子·滕文公》。

3　吕思勉《先秦学术概论》，北京：中国人民大学出版社，2011 年。

4　余英时《士与中国文化》，上海：上海人民出版社，2014 年。

旧的礼制藩篱被淡忘，才能让自由的思想得以冲出重围。

　　而稷下学宫，正是百家争鸣的发生场所。它和柏拉图学园一道，迎来一场又一场的思想盛宴。

下 篇

只宜马行的唐长安城

长安春风醉

长安的春天就这么来了。

此时禁中春色尚早，梅花怯怯地开着，兴许还挂着些许残雪。檐下的燕子试试探探地想飞出来，又究竟不太敢。再过一阵子，也许只不过是几天的时间，大明宫里最常见的柳树开始冒出嫩得恼人的新绿，这绿意太过于青涩，以至于看起来更像是娇柔的黄色。而左掖的梨花亦不甘示弱，抛出片片烂漫的白，扰乱了朝臣们的眼。在某个春风沉醉的傍晚，李白曾在宫中看到被落日余晖染过色的片片烟花。那时，巍峨的宫殿群以大块利落的红白为主色调，巨大的斗拱雄浑舒展，仰望飞檐，看不到屋顶。（参见彩图 16-1、彩图 16-2）低头四望，所幸还有嫩得让人欢喜的花红柳绿来柔化眼前的一切，简单饱满的色彩相得益彰。就这样被春风吹了一头一脸，耳闻丝竹声声，抬眼斜阳西垂，就连李白都忍不住醉了。他不禁徐徐吟道："烟花宜落日，丝管醉春风。"[1]

春天的大明宫，有无数个可以任性的理由。在太液池里泛舟可好？顺便灌一壶装在萨珊风格鎏金银壶里的葡萄酒，然后斜抱琵琶来一曲《郁轮袍》可好？麟德殿附近便有球场，那么叫上一群圆圆的宫女，打一场酣畅淋漓的马球可好？又或是择一清晨，沿龙尾道一路小跑，爬上大明宫的制高点含元殿，在殿前好生舒展一下筋骨，好不好？（见彩图16-3、彩图16-4、彩图16-5、彩图16-6）

坐落于龙首原的大明宫，地势本就高于长安城。更何况含元殿台基足有15米高（"阶上高于平地四十余尺"），风景自是这边独好。含元殿位于龙首原南沿，是大明宫外朝，每逢元日、冬至在此举行大朝会。大殿面阔十一间，合约60米，进深四间，合约20米。连同两侧副阶[2]，通面阔十三间，通长约67米，通进深六间，28米。大殿四阿重屋形制并采用鸱尾，采用七铺作出四跳，双杪双下昂，补间铺作采用流行的长脚人字拱，屋檐出跳达到四五米。大殿整体颜色据《含元殿赋·序》描述，乃是"惟铁石丹素，无加饰焉"。不过是白墙配上朱红色的木构架。殿前有三级石制台阶，每级引出一排螭头，其下是龙尾道，逶迤七转。殿两侧分别探出翔鸾阁和栖凤阁，殿阁之间由飞廊

1　〔唐〕李白《杂曲歌辞·宫中行乐词》。

2　即古代殿堂建筑殿身周围的一圈外廊。宋代李诫编著的《营造法式》称其为副阶周匝。

相连接。三者与南面约 600 米外的丹凤门一起，围合成一个开阔的丹凤门广场。每逢举行大朝会时，所有九品以上的文武官员以及仪仗队伍都列队于此。大唐的辽阔气象在此一览无余。

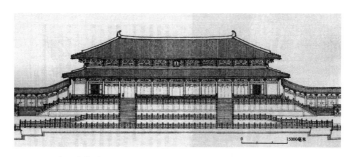

图16-1　含元殿复原正立面图
（杨鸿勋《大明宫》，科学出版社，2013年）

　　站在含元殿前往西南方向望去，眼前便是所有人心心念念的长安城了。

　　长安！所有壮阔浪漫梦想的总和。这里城郭宽广、街道正直、基址宏敞。诚如顾炎武所言，"予见天下州之为唐旧治者，其城郭必皆宽广，街道必皆正直，廨舍之为唐旧创者，其基址必皆宏敞"。[1] 84 平方公里的城郭面积，十一条南北向大街，十四条东西向大街，一百零九个里坊有如棋盘一般，铺陈出一个有序、恢宏、舒展的城市。此时的长安，里坊间已看见绿意点点，不由得让人心里痒痒，直

1　〔明〕顾炎武《日知录》。

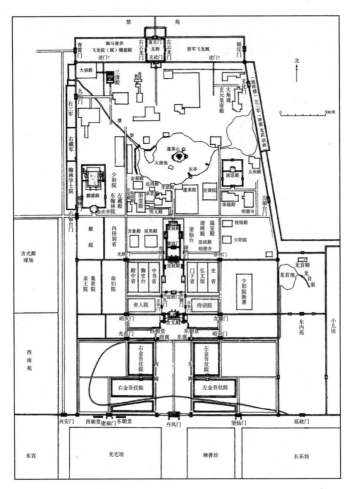

图16-2 唐长安大明宫复原图
（杨鸿勋《大明宫》，科学出版社，2013年）

想一步跨过丹凤门广场，跳到一整个春天里去。

要想感受一把长安城最生猛的春天，当在三月初三去曲江。

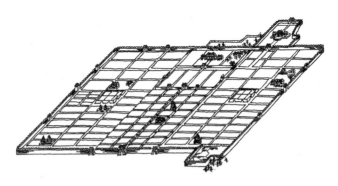

图16-3　唐长安城手绘轴侧图
（根据刘敦桢《中国古代建筑史》之《唐长安城复原图》改绘，作者：崔旭川）

"三月三日天气新，长安水边多丽人。"[1]三月初三为上巳日，又称祓禊、修禊。上巳日始于先秦，最早取三月的第一个巳日。旧时习俗，择此春气发生之日，人们需成群结队去河边沐浴，以祓除身上的不祥之气。西汉时，长安市民通常去灞水或浐河边沐浴。及至魏晋，上巳日固定于三月初三。但是不再以洗澡为必备动作，而是变为文人雅士专享的临水宴饮。《兰亭序》所述"修禊事"，正是发生

1　〔唐〕杜甫《丽人行》。

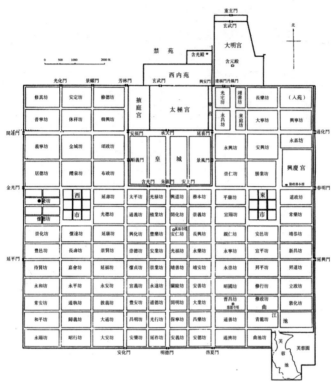

图16-4　唐长安城复原图
（刘敦桢《中国古代建筑史》，中国建筑出版社，1984年）

于上巳之日。而文人私下里"流觞曲水"的雅好，到了唐朝最终演变成"上巳宴赏"的制度。唐德宗贞元四年（788）九月，朝廷颁布《三节赐宴赏钱诏》，规定正月晦日、三月初三、九月初九为三令节，逢此三节对文武百官"择胜地追赏"。

　　曲水流觞，当去曲江。语句如此之通顺，让人几乎怀

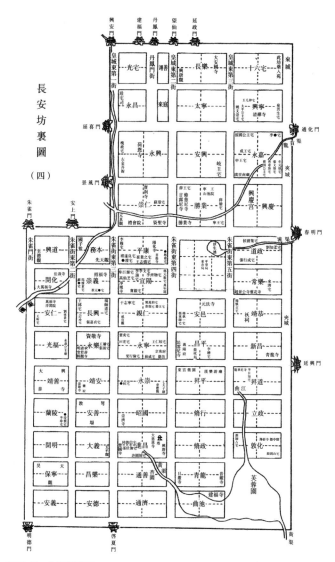

图16-5 曲江位置图
（〔日〕平冈武夫《唐代的长安与洛阳》〔地图篇〕，上海古籍出版社，1991年）

疑曲江正是因为曲水流觞而得名。但其实并非如此。曲江即"曲江池"的代称，位于长安城东南隅，本就是一处天然水面，秦汉时便已是游览场所。宇文恺修建隋大兴城时，扩其面积到一坊之地，既能当水库使用，又可在此游玩。宇文恺还在四周修建离宫别苑，供王公贵族享用。隋文帝不爱"曲"字，改曲江池为芙蓉池，池边园林为芙蓉园。唐开元年间第二次开凿曲江池，引入黄渠水使池水上涨，使得池内水面辽阔，可以在水上泛舟。

上巳节的曲江，是任何一个长安人都不会错过的地方。刘驾《上巳日》一诗中写道："上巳曲江滨，喧于市朝路。"曲江池畔，正是皇家赐宴群臣场所，由京兆尹奉命主持操办，穷尽全城物力人力。筵席上不仅锦绣珍玩无所不有，还叫来教坊及梨园弟子前来歌舞助兴。届时，官员们散坐于曲江池边的亭台楼阁上，其中宰相、三使、北省官以及翰林学士有泛舟池上的特权。士庶之家没有专属场所，便在池边搭起各色帐篷自寻乐去。墙外的丝竹声与欢笑声，一样飘进了曲江池东侧的芙蓉园内。上巳日，皇帝通常在芙蓉园内的紫云楼设宴招待皇亲国戚，同时垂帘观看园外盛景。曲水流觞的升级版本也在这里上演着。只见皇帝从芙蓉园中放出若干彩觞船，船上宫女载歌载舞，太监则手捧御酒，沿着池水缓缓行进，依次赐给船上和楼阁上的群臣。

上巳之后，曲江的下一个高潮属于新科进士。据《岁时广记》记载："清明新进士开宴，集于曲江亭。既撤馔，则移乐泛舟，又有月登阁打球之会。"《唐摭言》记载的进士宴共有大相识、次相识、小相识、闻喜、樱桃、月灯打球、牡丹、看佛牙、关宴九种。其中关宴是压轴大宴，通常由民间活动主办方进士团操办，进士们自掏腰包，于吏部关试之后在曲江举行。

关宴当日，曲江又迎来了大规模的交通堵塞和人群聚集。进士们狂欢胡闹自不用说，就连皇帝也极其八卦地偕妃子在紫云楼上偷窥。高官贵戚们带着家眷纷纷驱车赶来围观。他们的目的很单纯，就是为了在这批进士中挑选自家的乘龙快婿。被全长安围观的感觉当然好得不得了，加之多年苦读终有所成，未来一片锦绣前程，难怪列位才子要"春风得意马蹄疾，一日看尽长安花"，简直要飞上云霄了。当然啦，有时也会有乐极生悲的事情发生。比如开元年间就曾发生过一次沉船事故，船上的进士、妓女和船工三十多人无一幸免。

除去曲江关宴，进士们的常规节目还有杏园探花。杏园位于曲江池西侧，宴会结束后，进士们转战杏园。杏花被唐人视作及第花。探花十分直观，就是"找好看的花插在头上"。对花来说则不太妙。因为不仅进士探花，广大市民也都不甘寂寞。杏园内的花好不容易刚开好，就不幸被采摘大半，转移到园内憨态可掬的路人头上，真是悲伤的故事。杜牧敏锐地观察到了杏园的残象，于是说"莫怪杏园憔悴去，满城多少插花人"。[1]

还有雁塔题名，即在慈恩寺内大雁塔登高眺望后，用墨写下自己的名字。不仅塔身四面都被写满，塔院小屋四壁也都难逃魔掌。还好当时算是墨宝，放在今日便为涂鸦。慈恩寺位于晋昌坊东半部，曲江池西北，与含元殿遥遥相对。唐高宗为纪念母亲长孙皇后建造此寺，故以"慈恩"为名。全寺规模宏大，共有十三个院落，一千八百九十七间房，不仅建筑华丽，园林亦引人入胜。慈恩寺南临黄渠，水竹深邃，为京城之最。寺内有南池，水源来自曲江。南池畔种有大片竹林，意境甚是清幽，一派丛林野趣。韦应物曾在《慈恩精舍南池作》一诗中谈及此地，"石发散清浅，林光动涟漪"。

慈恩寺不仅树木荫翳，牡丹国色更是长安一绝。据徐松《唐两京城坊考》记载，大慈恩寺浴室院内种有的两丛牡丹，花季能开出五六百朵花来。寺内元果院的牡丹先于全城半月开，而太真院内牡丹则晚于全城半月开。遍植牡丹的大慈恩寺，除了要迎接来此题名的进士们，还要应对大批赏花狂人。长安人爱惨了牡丹，对他们来说，春天不去赏牡丹简直是羞耻。于是每逢三月十五日前后约二十日的牡丹花季，长安城的车马犹如发了疯一样地涌向各大牡

1　〔唐〕杜牧《杏园》。

丹胜地，"花开花落二十日，一城之人皆若狂"[1]。据说，长安城的第一棵牡丹系武则天由西河（今山西省汾阳市）众香寺带回来，种在上苑之内，自此长安开始了对牡丹长情的追捧。[2]兴善寺有一棵牡丹，唐元和年间，曾一次开了两千一百朵花，花色有正晕、倒晕、浅红、深紫、黄、白檀等，独独没有深红。[3]牡丹花开富贵，香气逼人，沉甸甸的一大朵花，开得大开大合毫不扭怩，除了盛唐，谁也招架不住这么浓烈的花语。

所以站在含元殿前的你，不要幻想在长安看见小清新的春日气息了。赶紧换上浮夸的心态向曲江飞奔而去吧，别忘了在头上插朵宫内的杏花。

1　〔唐〕白居易《新乐府·牡丹芳》。

2　〔唐〕舒元舆《牡丹赋》序，《全唐文》卷七百二十七。

3　〔唐〕段成式《酉阳杂俎》。

二十七岁的宇文恺和他的龙首原

从长安城的最开始说起吧，聊聊宇文恺这个人。

宇文恺，字安乐，鲜卑人。公元555年出生，612年去世，活了五十七年。他是大贵族、北周宗亲——三岁赐爵双泉伯，七岁进封安平郡公，邑二千户。宇文恺出身武将世家，父亲宇文贵乃北周大将。宇文贵年少时跟随老师读书，曾放下书叹道："男儿当提剑汗马以取公侯，何能如先生为博士也！"宇文恺的哥哥宇文忻也是一员猛将，他的传记排在《隋书》诸臣传的第四位，甚至位列高颎之前，足见其地位之高。宇文忻是隋文帝杨坚称帝前的密友，《隋书》里这样记载他与杨坚的交情："高祖龙潜时，与忻情好甚协，及为丞相，恩顾弥隆。……自是以后，每参帷幄，出入卧内，禅代之际，忻有力焉。后拜右领军大将军，恩顾弥重。"宇文忻曾说："帝王岂有常乎？相扶即是。"正因为背离自己的宗族、协助杨坚夺权有功，以至于后来杨坚大举屠杀宇文皇族时，宇文恺得以因为兄长的这层关系而逃过一劫。

宇文恺从小就不喜舞刀弄剑，独爱待在书房里，"博览书记，解属文，多伎艺，号为名父公子"。[1]他走上了与父兄迥异的政治道路，兢兢业业做了一辈子技术官员。北周大象二年（580），杨坚任北周宰相后，年仅二十五岁的宇文恺便已被任命为上开府、匠师中大夫，负责"城郭、宫室之制及诸器物度量"。[2]足见他当时已有独当一面的能力。进入新朝后，宇文恺先是担任营宗庙副监、太子左庶子。隋开皇二年（582），隋文帝杨坚决定舍弃汉长安故城另造新都，并于当年六月二十三日颁布营建新都诏书，以宇文恺"有妙思"，任命他为营新都副监，负责营造新都"大兴"。当时高颎虽然是营新都大监，但只负责营建制度和建设计划的制定，至于都城的具体规划布局，都是出自宇文恺的手笔。

那年宇文恺不过二十七岁而已。

在古代，规划新都并没有成形的规划理论供参考，规划者更别提接受完整的建筑和城市规划教育。《周礼·考工记》短短的篇章并不够，《管子·乘马篇》的思想可用，也仅有一段话而已——"凡立国都，非于大山之下，必于广川之上"。那么，如何从理念变成蓝图，又怎样从蓝图上变出一个恢宏的新都呢？

---

1 《隋书·宇文恺传》。

2 《唐六典》卷二十三"将作都水监"。

二十七岁的宇文恺走上了龙首原。

汉长安城与唐长安城其实相去不远。汉长安城郭坐南朝北，渭河从城北流过，东南侧则是龙首原。长乐宫和未央宫位于最南端，几乎占去了城市的大半面积，两者中间用武器库隔开。长乐宫本是秦始皇留下的兴乐宫，刘邦改造一下就自己用了。未央宫的建造则与长乐宫整修同时进行，由萧何负责营建。当刘邦因为未央宫规模太大而假惺惺地发怒时，萧何以"天子以四海为家，非壮丽无以重威"[1]来规劝，让刘邦觉得妥帖无比。汉长安城十二座城门，八街九陌，宫殿居南，宗庙位于西北，百姓多居于城外的郭中，中轴线则完全不存在，和《考工记》的营建思想基本是关系不大了。

隋文帝面对的汉长安城经过多年战乱，早已与废墟无二。城市与宫殿规模狭小，不能满足大一统王朝的需要。不断南移的渭水更是潜在的危险，经过八百年岁月而咸卤不能饮用的地下水源亦不容忽视。因此，将新都选在汉长安城东北方向的龙首原下，一能继续利用长安城的有利位置，二能避开汉长安城的不利因素。（见彩图17-1）

营新都诏书里这样描述未来的都城所在地龙首原，说那里："川原秀丽，卉物滋阜，卜食相土，宜建都邑，定鼎

---

1 《史记·高祖本纪》。

之基永固，无穷之业在斯。"[1]龙首原海拔 400 多米，新都城址选在它的南麓。那一天，宇文恺登上了龙首原，往南看去，正是盛夏时节，一片秀丽原野铺陈在他眼前。

《吕氏春秋·贵因》（卷十五）说："夫审天者，察列星而知四时，因也；推历者，视月行而知晦朔，因也。"在农耕社会，观象授时与农业耕作的收成息息相关。古人通过观察星象来确定时节，进而依时节确定何时播种、何时耕作、何时收获。必须仰观天象以知地上情势，因此形成的敬天信仰不管朝代如何更迭，一直未曾缺席。从观象师天官，发展到阴阳家、堪舆师，古人把宇宙看作一个整体来筹谋，所谓天人合一，便是如此。诚如《淮南子》（卷二十）所说："仰取象于天，俯取度于地，中取法于人。"又如《周易》，便是从解读天象运行规律出发，判断人事奥秘。《周易正义·乾卦》："九五：飞龙在天，利见大人。""言九五阳气盛至于天，故云'飞龙在天'。此自然之象，犹若圣人有龙德，飞腾而居天位，德备天下，为万物所瞻睹，故天下利见此居王位之大人。"九五因此成为帝王之尊的代称。

站在龙首原上的宇文恺，也许是看到了六条东西走向横向分布的高坡，他想起了《周易》。

大兴城地势东南较高，西北较低，高差 30 多米。宇文恺将这六条高坡比作乾卦六爻。根据乾卦的解释，以

1 《隋书·帝纪第一》。

九二——"见龙在田，利见大人"，九三——"君子终日
乾乾"，九五——"飞龙在天，利见大人"这三爻最为重要。
因此在九二处置宫室，以当帝之居；九三处置百司，以应
君子之数；九五乃贵地，不能给寻常人居住，因此设置玄
都观、大兴善寺以镇之。[1] 国都作为天子在地上的首都，其
规划必须反映天上的奥秘，彰显帝王统治的正统和权威。

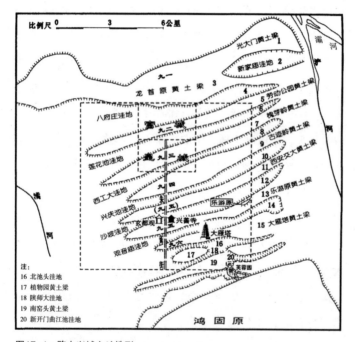

图17-1　隋大兴城六爻地形

[李令福《隋大兴城的兴建及其对原隰地形的利用》，《陕西师范大学学
报》（哲学社会科学版）2004年第1期]

1　〔宋〕王溥《唐会要》卷五十。

宇文恺将地势与天象巧妙地结合起来，他规划的分明是天上才能有的都城，既有哲学又不失浪漫——当年主持建造汉长安城的阳城延乃是军匠出身，做事但求稳妥务实，汉长安城即是立足现有宫室、结合地形来规划建造。

因此便有了宫城与皇城。九二位的宫城为太极宫，与九三位的皇城一起，落在以杨兴村定位的中轴线上。以太极宫为模数单位，皇城加宫城，以及外郭城的面积分别是太极宫的五倍和九倍，应了九五至尊的意象。皇城南面有三门，中间的朱雀门一直往南则是响当当的朱雀大街。皇城内左宗庙，右社稷，各大中央办公机构集中分布。随后根据外郭城西南角和东南角的地势特点，将高的东南角凿池，成了造福后世的秀美曲江，又在低的西南角立木浮屠以补足地形缺陷，同时亦能丰富城市景观层次。宇文恺的营造理念，上承天象，下顾地势，前顾文化，后有巧思。他一挥手，即是一个恢宏的理想都城。在营建安排上，亦是清醒有序，规划好框架后，听民做室。大兴城的整体营建顺序，是先筑宫城，次筑皇城，次筑外郭城，从北往南依次展开。外郭城内的坊里则同时分给百姓，由他们自行建筑。整个营建过程只花了九个月就基本结束。隋开皇三年（583）三月十八日，隋文帝身着常服走入新都，标志着隋朝正式迁都大兴。

宇文恺就这样漂亮地完成了自己都城规划的首秀。此后他一路顺风顺水，先是疏通渭水，官拜莱州刺史，政绩

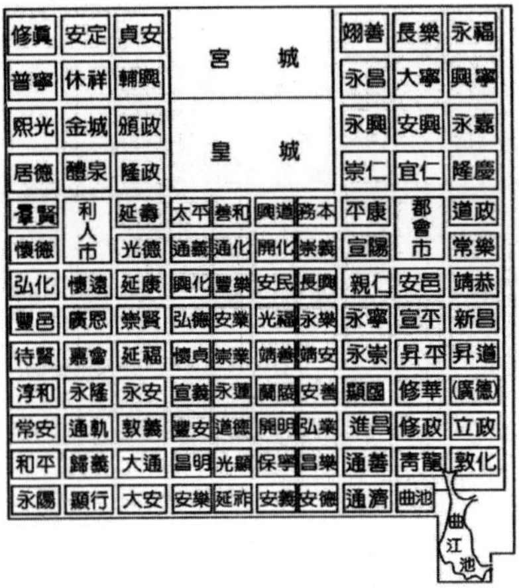

图17-2　隋大兴城一百零九坊（辛德勇《隋唐两京丛考》，三秦出版社，2006年）

也不错。谁料政治总是比技术复杂多变得多。兄长宇文忻曾保他一条命，却也是因宇文忻谋反被诛，宇文恺被朝廷除名，只得赋闲在家。直到朝廷因为鲁班故道的修复工程又唤他主持，他才恢复仕途。再往后，宇文恺继续主持大工程，诸如开皇十三年（593）修建仁寿宫，并因此官至将作少监。同年，隋文帝下诏命令群臣议论明堂之制，宇文恺按照《礼记》里的《月令》一文，造出明堂的木样并选址安乐坊，后未能实施。仁寿二年（602），宇文恺负责修建独孤皇后的陵墓，深得帝心，爵位得以恢复。隋炀帝即位后，宇文恺又被任命为营东都副监，在杨素手下做事。此时的他，已经不是那个妙手偶得、挥斥方遒的灵秀青年了。他揣测上意，将东都洛阳建得穷极壮丽，哄得杨广大喜，任命他为工部尚书。杨广北巡期间，宇文恺还特意为杨广设计了一座观风行殿。观风行殿以木板为内衬，外面覆盖着画有城墙的布匹，周长约 3 公里。士兵们可以在极短时间内搭建出一座完整的城池，并能通过轮轴推动城池缓缓移动。由于士兵们的脚被城墙挡住，在戎狄的酋长看来，简直像是魔法一般，莫不惊骇。大业七年（611），宇文恺依然没有放弃修建明堂，他再上《明堂议表》和木样，却因时值讨伐高丽，又一次未能实现。

然而再多的奇思妙想与如云奖赏，也许能换来一时的安宁，伴随着他这个前朝遗老在新朝如履薄冰、兢兢业业的一生。宇文恺应该永远忘不了二十七岁那年，站在龙首原上目睹的夏日原野。没有大兴，没有长安，没有一百零九坊，没有朱雀门，没有太极宫。

那是一个多么美妙的夏天，一整片空白静静等待着他来成就，一切是充满希望的、浪漫的，夏天。

《大明宫词》你错了！太平公主应该这样与薛绍相遇

不知有多少少女对"人生若只如初见"的理解是这样的。

是年少懵懂的你，和母亲赌气不肯回家，拉上闺密偷偷跑出去玩耍。恰逢上元夜的长安城，你们戴上了昆仑奴面具，玩得不亦乐乎，却在人头攒动中走丢了。你急了，这是你第一次闯入外面的世界，所有的人看起来都那么狰狞和不确定。于是你哭着一张张掀开那些面具。一次次地失望后，你掀开最后一张。

骇人的面具下却是这样一张脸庞。

似乎用什么词汇都难以形容这样一张脸。必须发生在那时那刻，必须是出现在你最无措的时候，必须出现在这座迷人都市的迷人夜晚。人潮依然在身边涌动，耳边是爆竹的声响，一切却都仿佛不存在了，影像连同声音，集体缺席。眼前是这样的一个男子，剑眉星目，温润谦恭，他同你柔声讲："公子，你认错人了。"

即使再不饱读诗书，你都会在心里默念"既见君子，云胡不喜"。忘了拭去脸上的泪水，忘了走丢的小姐姐，心几乎要从嗓子眼里出逃。长安变成一场最美妙的梦境。不管是繁华街景，还是从未见过的华灯异彩，都不及眼前这一张脸。

在《大明宫词》里，太平公主就是这样遇见了薛绍。我们也是。

可是很抱歉啊，我同你讲，在当时的长安城，他们不该这样相遇！

根据电视剧的描述，时年十四岁的太平公主因为和母亲闹别扭，住在温泉宫里不愿意回大明宫去。上元佳节当日，她和韦姑娘一起穿上小太监的衣服，一路走到东市或西市去看灯并巧遇薛绍，之后在北市吃馄饨时，被皇宫里的禁卫军带回大明宫。

温泉宫确有此地，正是我们熟知的华清池，其历史久远在此不一一细说。总之太宗时期此地还叫汤泉宫，恰好在高宗时改名为温泉宫。温泉宫位于骊山西绣岭北麓，距离长安城大约三十公里。姑且不较真两个小姑娘究竟是如何从温泉宫走到长安城的，既然是剧情需要那就去吧，也许是马快呢；也不较真寒冷的冬天如何竟能用两件单衣御寒……

最为意难平的只是，电视剧里，太平和小韦二人是从门洞比人高不了多少的宣德门出来的！宣德门……（前情回顾:"宣德门是北宋东京汴梁皇宫的正南门。")大明宫的正南门明明……明明是丹凤门啊!而且,丹凤门是专供皇帝出入的通道,平时紧闭不开。唐人诗云:"丹凤楼门把火开,先排法驾出蓬莱。棚前走马人传语,天子南郊一宿回。"[1]描述的正是皇帝从丹凤门出南郊祭天的场景。百官出入大明宫通常是在丹凤门西侧的建福门,宦官则大多从大明宫西宫门右银台门出入。因此,她们应当是混在宦官的队伍里,从右银台门溜出了大明宫。

至于薛绍,他既不是懵懂的平头百姓,更没有所谓的妻子蕙娘。薛绍是太平公主的嫡亲表兄,在他三十年的短暂人生里,只有太平公主这一个妻子,七年婚姻,四个儿女。即使没有电视剧里过于戏剧化的编排,也完全可以是一个动人的故事。

薛绍(658—688)的母亲城阳公主(630—671)乃是唐太宗和长孙皇后所生嫡女。城阳公主最初被嫁给杜如晦的儿子杜荷。杜荷跟随太子李承乾谋逆被诛之后,城阳改嫁薛瓘。让女儿嫁给功臣之后,本带有笼络功臣的意图,结果却连累女儿守寡。在城阳改嫁之前,也许是因为愧疚,著名"儿女奴"李世民特意为女儿的婚事占卜,出来的结果却是:"两火俱食,始则同荣,末亦同悴。若昼日行合卺

---

1 〔唐〕王建《宫词一百首》。

之礼，则终吉。"[1] 意思是此夫妇二人最初会同享富贵，最后却会共赴悲戚，只有在白天举行婚礼才能破此命数。为了女儿的幸福，太宗马上决定将婚礼改在白天进行，后来因为马周的上谏而作罢。

这次占卜的结果之后赫然应验。当了驸马后，薛瓘被封了从三品的左奉宸卫将军。夫妇两人共育有三子：薛顗、薛绪和薛绍。麟德初年（664），城阳公主被控有巫蛊之罪，薛瓘受累，被贬官为房州刺史，公主随他一起赴任。咸亨二年（671），城阳公主薨于房州，在此之前薛瓘已经病逝。城阳死后，唐高宗亲自在显福门举哀，"哭之甚恸，五日不视事"，并派人去房州奔丧，许公主和驸马的灵輀回京。[2] 城阳公主最终陪葬昭陵。不知太宗如果泉下有知，是否会后悔当初听从了马周的谏言。

薛氏即河东薛氏，与裴氏、柳氏并称河东三姓，亦是关西六大姓之一[3]，魏晋之际由蜀地迁徙至河东。河东薛氏分为南祖、西祖两支，其中南祖偏武，西祖偏文，薛瓘一系便是来自河东薛氏西祖第三房。与高门大姓攀亲虽是当时风尚，各重臣都未能免俗，皇家却不吃这一套，唐初公主便不流行下嫁山东旧族。如太宗喜爱把女儿嫁给功臣之

1　〔宋〕王溥《唐会要》卷六。

2　〔宋〕王钦若等编《册府元龟·帝王部四十七》"友爱"。

3　关西六大姓：韦、裴、柳、薛、杨、杜。

后，这才有了城阳嫁杜如晦之子杜荷、高阳嫁房玄龄之子
房遗爱、襄城嫁萧瑀之子萧锐等等。也有不少驸马属于亲
上加亲，直接从长公主的儿子，即皇帝的外甥中选取。太
宗时有长乐公主嫁给长孙无忌的儿子长孙冲，新城嫁长孙
诠。唐高宗则为最心爱的太平千挑万选，锁定了亲外甥
薛绍。

这桩婚姻固然是父母之命、门当户对、顺理成章，但
也不妨大胆猜想，也许正是在上元夜的长安城，公主遇见
了表哥。

至于他们如何相遇，首先须了解当时上元夜的正确打
开方式。

上元观灯是从唐中期才开始形成固定的惯例，之前虽
已有观灯的习俗，但时间并不固定。唐高宗时期，由于高
宗与武后笃信佛教，在上元夜会举行佛事活动。观灯活动
亦偶见于诗歌记载中。如"薄晚啸游人，车马乱驱尘。月
光三五夜，灯焰一重春"[1]，便写了唐高宗调露二年（680）
东都洛阳的上元盛况，可见当时上元夜已有观灯活动。"火
树银花合，星桥铁锁开。暗尘随马去，明月逐人来。游妓
皆秾李，行歌尽落梅。金吾不禁夜，玉漏莫相催"，则是苏
味道描写的中宗时期上元夜景。唐中宗便曾与韦后一起，

---

[1] 〔唐〕长孙正隐《上元夜效小庾体同用春字》。

于上元夜微服出宫观灯。[1]这个时期上元夜已经相当热闹了，据《大唐新语》卷八记载："贵游戚属，及下隶工贾，无不夜游。车马骈阗，人不得顾。"及至睿宗朝，曾有胡僧婆陁申请夜开城门，燃灯百千炬，持续了三天三夜。[2]直到唐玄宗开元十四年（726）三月，玄宗颁布敕令，规定"每载依旧取正月十四日、十五日、十六日开坊市门燃灯，永以为常式"。[3]自此上元燃灯的习俗正式固定成为一种制度，持续传至后世。

上元夜，可观灯，可踏歌。城内灯火连绵，光耀整个夜空，把清冷月亮的风头悉数夺走。唐代的灯主要分为宫灯和花灯两种。宫灯中有动物形状的灯，还有灯笼、灯树、灯婢等。玄宗年间，韩国夫人曾经在高处点燃百枝灯树，百里之外都能看见其光芒万丈。花灯中有影灯，由五色蜡纸和菩提叶造成，灯面绘有人物，通过灯烛燃烧产生的热力使其旋转[4]。更为勾人魂魄的是灯楼，据《明皇杂录》记载，东都洛阳曾有匠人毛顺用丝绸制成三十间、高一百五十尺的灯楼，楼上悬挂着珠玉金银，微风一吹，叮当作响。[5]

踏歌即女子携袖，以歌载舞，起源于北齐时的"踏摇

1　《旧唐书·本纪第七》。

2　〔宋〕王溥《唐会要》卷四十九之"燃灯"。

3　《旧唐书·本纪第九》。

4　〔宋〕周密《武林旧事·灯品》。

5　〔唐〕郑处海《明皇杂录·逸文》。

娘"。据《朝野佥载》卷三记载："睿宗先天二年（713）正月十五、十六夜，于京师安福门外作灯轮高二十丈，衣以锦绮，饰以金玉，燃五万盏灯，簇之于花树。宫女千数，衣罗绮，曳锦绣，耀珠翠，施香粉。一花冠、一巾帔皆万钱，装束一妓女皆至三百贯。妙简长安、万年少女妇千余人，衣服、花钗、媚子亦称是，于灯轮下踏歌三日夜，欢乐之极，未始有之。"二十丈（约60米高）的灯轮下，数千名华服少女踏歌三日三夜。这般宏大而欢乐的庆祝场面，也只能发生在长安城了。

为了更好地铺垫即将发生的那场相遇，姑且暂从睿宗朝的记录中脑补高宗朝的场景。

假设，踏歌还是在安福门发生，此门位于太极宫南横街的最西端，往西便是辅兴坊和颁政坊。颁政坊曾是太平公主的故居。幼年的小太平因为要替外祖母祈福，被安排出家做小道姑。后来为了躲避吐蕃的和亲要求（吐蕃直接提出要太平公主），高宗和武后索性在宫外修了座道观，为太平举行了正式的受戒仪式。太平观最初便兴建在颁政坊，后来才移到大业坊的道观（原宋王李元礼宅）内，颁政坊的观址则改称太清观。

那是高宗调露元年、公元679年的上元夜。太平公主年方十四，正在太平观做自己的小道姑。薛绍二十一岁，距离他跟随父母灵柩回到长安已有数年。

他们可以这样相遇。

　　其实上元夜宫里也会张灯，然而这位嫌皇家宴席太闷的小丫头，仗着父母宠爱编了个理由不进宫，决意进城玩耍。她换了身男装，轻骑简从，从大业坊出发，直奔安福门而去。

　　是夜，长安城坊门大开。灯火充斥眼帘，香氛荡漾鼻尖，管弦声与欢笑声交织，谁又能舍得入眠？朱雀大街上马蹄翻飞，踏出漫天尘土，却怎么都挡不住眼前错过的流光溢彩。盛装美人们充斥天街，锦幛有如彩霞；倜傥公子则交驰大道，雕鞍华丽似月。欢乐似乎是没有尽头了，夜也尽管如此去吧。

　　行至安福门，踏歌已经上演，挤得水泄不通。太平纵身下马，将马交给随从。她在人群中瞬间抢得有利地形，正瞪圆眼打算好好看会儿热闹时，只听得有人在近处说话。那声音低沉舒缓，在狂欢的声浪里显得有些突兀，她忍不住回头张望，于是看到了薛绍。

　　似乎用什么词汇都难以形容这样一张脸。必须发生在那个夜晚、那条街道、那个时刻。周遭一切都不复存在，灯轮、歌声、笑闹，都隐去了。只剩下人群中那个长身玉立的少年，站立在世间所有的梦境之中。太平呆立片刻，随即开口问身边人道：“这是谁？”

　　见多识广的小宫女必须在此时答道：“这是城阳公主的三公子，您的表兄薛绍呀。”

　　太平可不是只知潸潸落泪的小丫头。一日，她身穿“紫

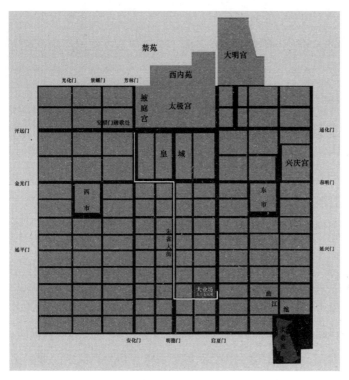

图18-1　太平公主与薛绍相遇路线图（作者自绘）

袍玉带，折上巾，具纷砺"，[1] 在父母亲面前献舞。紫袍玉
带，乃男子常服；折上巾，即幞头；纷砺，则是佩刀、刀子、
砺石、契苾真、哕厥、针筒、火石等七件物品，原为武吏佩饰，
后来成为装饰。高宗及武后大笑问道："女孩子又做不了武
将，你为什么要穿成这样啊？"太平回答道："那把这赐给

---

1 《新唐书·列传第八》。

我未来的驸马可以吗？"

《新唐书》里留下了这段记载。也许正是在这段话之后，她扬眉抬头，朗声说道："阿耶阿娘（对父母称谓），我要薛绍做我的驸马！"

然后就走到了永隆二年（681）七月，太平公主下嫁薛绍。她身穿花钗翟衣，坐着厌翟车，驶出了大明宫。万年县衙是她的婚馆，为了让宽大的厌翟车通过，不得不拆毁了县衙的围墙。那一夜啊，从大明宫的兴安门南直到万年县衙所在的宣阳坊西街，数公里的距离，密密麻麻全是火把，烈焰甚至烧死了路旁的槐树，就这样照亮了十六岁的太平的出嫁之路。

唐高宗亲自写诗描绘当时的情景，七月流火，他最钟爱的公主出嫁了："龙楼光曙景，鲁馆启朝扉。艳日浓妆影，低星降婺辉。玉庭浮瑞色，银榜藻祥徽。云转花萦盖，霞飘叶缀旐。雕轩回翠陌，宝驾归丹殿。鸣珠佩晓衣，镂璧轮开扇。华冠列绮筵，兰醑申芳宴。环阶凤乐陈，玳席珍羞荐。蝶舞袖香新，歌分落素尘。欢凝欢懿戚，庆叶庆初姻。暑阑炎气息，凉早吹疏频。方期六合泰，共赏万年春。"[1]

太平真正的人生从这里开始，未知的命运却分明带着几分已知，谁叫她是皇家女？她重复了既是婆婆也是姑母

---

[1] 〔唐〕李治《太子纳妃太平公主出降》，《全唐诗》卷二。

的城阳公主的命运。七年后，因受兄长参与谋反连累，薛绍被武则天杖责一百后饿死在狱中。这年，太平才二十三岁。丈夫死于母手，该是怎样的心情？之后被母亲辗转嫁给武攸暨，不过都是政治。之后的人生，什么用增加食邑来安慰，什么镇国太平公主，什么神龙革命、先天之变，也不过是政治罢了。

开始总是好的。我们只需要记得紫袍玉带，记得七年的举案齐眉，记得永隆二年的夏天，被火把照亮的出嫁之路。或者干脆像我一样，脑补出一种合理的相遇。完全可能发生，对不对？意气风发的少女和命中注定的少年，长安月下，灯火之中。

朱雀大街五公里

长安不是一个城市。

白天只有一个长安，夜晚却有一百零九个。[1] 白天的长安，属于陇西李氏、博陵崔氏、太原王氏……穿红戴绿，高头大马，招摇过市，欢乐无敌。每当夜色降临，坊门关闭，他们被关在一百零九个小长安里，抬头虽是同一方天、同一轮月，俯身却只有 1000 米乘 500 米可以自由往来的地。此刻坊墙外的长安被慷慨地划归金吾吏、狐仙、蛇妖和小鬼们享有，由着他们在开远门外上演僵尸森林，或骗去好色书生的脑袋，蛇妖绕树一周然后凌空飞起，正是人们想见而未得见、只能拼命脑补的另一个长安。

1　宇文恺最初营建隋大兴城时，共计一百零八坊加东西二市；唐高宗龙朔二年（662）修建大明宫，将丹凤门前的翊善坊和永昌坊各自从中劈开成为四个坊，全城共计一百一十坊；唐玄宗开元二年（714），在原隆庆坊修建兴庆宫，失去一坊，全城共计一百零九坊（张永禄《唐都长安》，西安：三秦出版社，2010 年，第八章"坊里与人口"）。

在这个城市，空间是时间的函数，时间被声音切割。
这声音属于冬冬鼓，一个听起来略萌的物件。冬冬鼓又
称街鼓，立在长安城六条主要干道上，承担着指挥时间
的职责。街鼓的发明者是马周。最初，京城诸街每到晨
暮之时遣人传呼以警众。贞观十年（636），马周上奏建
议诸街置街鼓，通过击打街鼓来代替之前的人肉报时。
太宗对这个建议十分赞赏，自此街鼓报时形成一项固定
的制度。[1]

长安的白天开始于夏日五更两点、冬日五更三点[2]响起
的第一声街鼓。此时天尚未亮，接到太史局的"鼓契"后，
太极宫正南门承天门敲响第一声晓鼓，坊门开，许人行。
随后，皇城门、京城门、宫城门、宫殿门序贯大开。六街
街鼓声声接力，长安随着一并苏醒。这鼓声将持续三千下
的时间，直到收到太史局的"所牌"才宣告停止。一天过
去，昼漏[3]尽，鼓声再响，持续敲击一千下的时间，坊门及

---

1 《旧唐书·列传第二十四》。

2 《旧唐书·志第二十三·职官二》："候夜以为更点之节。每夜分为五更，每更分
为五点。更以击鼓为节，点以击钟为节也。"五更共计十时，共计 600 分钟，一
点为 24 分钟。

3 昼漏尽为夜。昼漏，一日白刻，即日出（太阳出现在地平线之前的二刻半）到
日落（太阳湮没于地平线后的二刻半）之间的时间。一刻为 14.4 分钟，二刻半
是 36 分钟。

里外所有城门轰然关闭，夜禁开始。[1]除非有婚、丧、病等特殊情况（但仍需获得批准——本坊牒文），任何人都不得出入所在里坊。如果有谁胆敢于夜禁期间在坊外街道行走，即为犯夜，按照《唐律疏议·杂律》规定，一律笞二十。

于是夜禁期间，坊门之外只剩下空空的静寂。某个中秋月圆之夜，曾有人听见有鬼吟诗："六街鼓歇行人绝，九衢茫茫空有月。"[2]此时能站在九衢中央赏月的，除了金吾便只有鬼君了，只有清冷的月亮相伴，他们想必也会觉得寂寞吧。

从头讲起，回到里坊制度初现端倪的北魏年间。

里坊制度始于北魏平城，成熟于北魏洛阳。北魏天兴二年（399），北魏在平城（遗址在今山西省大同市）始建都城。《魏书》卷二《太祖纪》载，天兴元年七月，"迁都平城，始营宫室，建宗庙，立社稷。"作为北魏从游牧向定居过渡期的第一个都城，平城的规划虽向汉人学来了宫城、宗庙和社稷这一套，却在城北为自己的鲜卑血统留有一座规模不小的鹿苑，在城东白登山以南辟有练武场。平城宫

1　《唐律疏议·杂律》之"犯夜"："五更三筹，顺天门（即承天门）击鼓，听人行。昼漏尽，顺天门击鼓四百槌讫，闭门。后更击六百槌，坊门皆闭，禁人行。"《唐六典》卷八《城门郎》："承天门击晓鼓，听击钟后一刻，鼓声绝，皇城门开；第一冬冬声绝，宫城门及左右延明门、乾化门开；第二冬冬声绝，宫殿门开。夜第一冬冬声绝，宫殿门闭；第二冬冬声绝，宫城门闭及左右延明门、皇城门闭。其京城门开闭与皇城门同刻。"

2　〔宋〕钱易《南部新书》。

城位于北部，南部为居民居住区。泰常七年（422），在居民居住区外围修建郭城的城墙，郭城内规划有封闭里坊。据《南齐书·魏虏传》记载："其郭城绕宫城南，悉筑为坊，坊开巷。坊大者容四五百家，小者六七十家。每南（闭）坊搜检，以备奸巧。"

孝文帝太和十九年（495），北魏迁都洛阳，在东汉、魏晋洛阳的基础上扩展外郭城，并明确了郭城内的里坊规模和管理制度："庙社宫室府曹以外，方三百步为一里，里开四门，门置里正二人，吏四人，门士八人。"[1] 这个划时代的变革直接影响了后来的都城格局。在此之前，都城建设只重宫城、皇城，普通市民居于城外的郭内，并无统一规划。为了安置大批从平城迁入的人口，北魏洛阳在原有城外开辟了范围广阔的郭城，并实现了先规划后入住。在这座新规划的都城里，人口有组织地被分配居住，并按原有的部落分区块安置，同时为了防止动乱和控制人口，对里坊实行封闭化管理。正是从这里开始，古代中国的封闭式里坊制度成为定式。

对这个制度，隋唐以为甚好，照单全收，并加以强化，这才有了长安的一百零九坊（开元年间）。据《长安志》记载："皇城之东尽东郭，东西三坊；皇城之西尽西郭，东西三坊；南北皆一十三坊，象一年有闰。每坊皆开四门，中

1　〔北魏〕杨衒之《洛阳伽蓝记》。

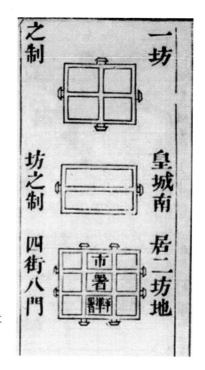

图19-1　长安坊制示意图
（〔宋〕宋敏求撰,〔元〕李好文编绘，《长安志·长安志图》，三秦出版社，2013年）

有十字街，四出趣门。皇城之南，东西四坊，以象四时；南北九坊，取周礼王城九逵之制。其九坊但开东西二门，中有横街而已。盖以在宫城正南，不欲开北街洩气，以冲城阙。棋布栉比，街衢绳直，自古帝京未之比也。"[1]

坊分两类，第一类只设东西两个坊门，它们位于皇城以南、朱雀大街东西两侧，共九排三十六坊。这一类型的

1　〔宋〕宋敏求撰，〔元〕李好文编绘《长安志·长安志图》。

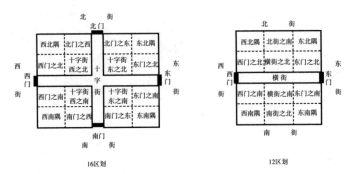

图19-2　隋唐长安里坊的内部分区方式

（王贵祥《中国古代建筑基址规模研究》，中国建筑工业出版社，2008年）

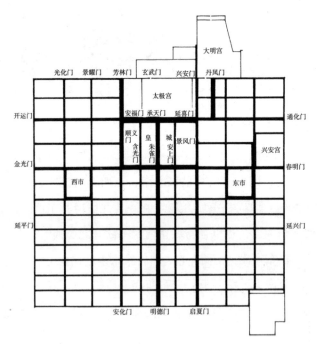

图19-3　长安里坊道路系统示意图

（贺业钜《中国古代城市规划史》，中国建筑工业出版社，1996年）

坊内有东西向的坊街，称为"横街"，从而将整个坊划分为两个区。第二类位于皇城两侧，共十三排七十四坊，均有东西南北四个坊门，坊内有纵横交叉的"十字街"，将坊内划分为四个区。各坊四周砌有坊墙。坊墙由夯土制成，高2米左右，甚至可以骑马斜倚其上，一如郑谷诗云"御沟春水绕闲坊，信马归来傍短墙。幽榭名园临紫陌，晚风时带牡丹香"。[1]一般民宅只能对着坊内开门，只有三品以上官员的宅邸才允许在坊墙上开门。

朱雀大街也不是一条城市街道。

《尚书·尧典》中说道："日中星鸟，以殷仲春。……日永星火，以正仲夏。……宵中星虚，以殷仲秋。……日短星昴，以正仲冬。"每当一年中昼夜长度相等的那天到来，黄昏时分，鸟星会出现在南中天，这一天象可用来校准春分。鸟星，即南宫朱雀。古人将二十八宿划分为四宫，朱雀即是其中一宫。朱雀大街起于皇城最南端的朱雀门（承天门到朱雀门间为承天门街，长约3公里），别名"天街""天门街"。它是这个83平方公里庞大都城的中轴线，亦是长安与万年两县的分界。朱雀大街北通皇城，南达天庭——每年冬至，皇帝"青质，以玉饰诸末，驾六苍龙"[2]的玉辂车正是沿着朱雀大街中央的御道，随行仪仗队伍共

1　〔唐〕郑谷《街西晚归》。

2　〔唐〕李林甫《唐六典·太仆寺卷》。

计两三千人，出承天门、朱雀门，一路向南，走出外郭城最南端的明德门，前往位于明德门外道东二里的南郊祭天之所——圜丘。[1]

农耕时代，只有掌握时节奥秘的人才有资格统治万民。仰望星空并非出于浪漫，而是现实的统治需求。于是在都城规划中，往往用地上的城池来映射天上的星宿。端坐长安正中，从天宫直达天庭的朱雀大街属于天子和他本应在天上的都城，却不属于地上的子民。地位决定了它的尺度，而尺度更彰显了它的地位。

这条煌煌天街，它宽。

朱雀大街总长九里一百七十五步（约5公里），宽一百步（约150米），比当今北京城的长安街最宽处还要宽上30米。夯土造的路面雨天泥泞不堪，少雨的季节则尘土满天——若十天不下雨，朱雀大街便会灰尘四起，跬步之间难辨人影。既会耽误上朝，也会耽误追凶——曾有人在尚书省东南北街遇一异人，于是策马追逐，导致惊尘四起，竟因此跟丢了[2]。在这条宽过21世纪主干道的大街两侧，种有成排的槐树，枝繁叶茂，煞是可爱，一如僧皎然的诗《长安少年行》描绘的那样："翠楼春酒虾蟆陵，长安少年皆共矜。纷纷半醉绿槐道，蹀躞花骢骄不胜。"请注意，绿槐道

1　《旧唐书·志第一·礼仪一》。

2　《太平广记》卷一百五十四《李顾言》。

并非随处可醉。你若看到槐荫下铺有一条白沙甬道，千万不要踏足。这一白沙甬道系官府为方便重要官员通行而铺就，称为"沙堤"，平民百姓无福消受。槐树往外，即是3米宽、2米深的排水沟，若不幸遭人追杀，可考虑于此躲避。排水沟外侧，留出宽3米左右的人行通道，然后便只能看到夯土造的坊墙了，偶见三品以上官员、寺院或宗亲们戒备森严的大门，并没有后世认为理所当然的沿街商铺可以驻足。

作为长安乃至大唐的第一街，朱雀大街也必须是大气的。

长安城从南至北分布有六个高岗，因此朱雀大街并不位于一条水平线上，而是占据了其中四个起伏，放眼望去，并非一马平川的景象。往北看，五门道、重檐庑殿顶、单层楼的朱雀门城楼巍峨耸立。转身向南，视线穿过同样五门道、面阔十一个开间、进深三个开间的明德门，终南山墨色的轮廓依稀可见。（见彩图19-1）

低矮的坊墙自然遮不住坊内建筑的轮廓。在朱雀大街的两侧建筑中，以大兴善寺最为显眼。作为隋唐两朝的国家寺院，早在宇文恺规划大兴城之初，大兴善寺便与街对面的玄都观一并被选址于此，以镇住这九五贵位。大兴善寺占了整整一个靖善坊之地，用地面积共计25公顷。寺内大殿通面阔十三间，采用了唐代最高等级的建筑规制，"铺

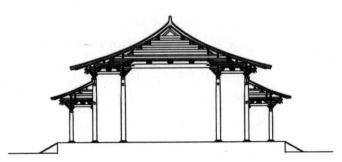

图19-4　唐长安大兴善寺大殿推测剖面示意图
（王贵祥《唐长安靖善坊大兴善寺大殿及寺院布局初探》，《中国建筑史论汇刊·第拾辑》，清华大学出版社，2014年）

图19-5　唐长安大兴善寺大殿立面复原图
（王贵祥《唐长安靖善坊大兴善寺大殿及寺院布局初探》，《中国建筑史论汇刊·第拾辑》，清华大学出版社，2014年）

基十亩、栱扇高大"，[1] 面积达 5000 多平方米，是北京故宫太和殿面积（约 2377 平方米）的两倍以上。大殿的通面阔可能为三百四十五尺 [2]（约 100 米），通进深一百七十尺（约50 米），高度当不低于一百二十尺，即 36 米、十层楼的高度。寺内尚有天王阁、大士阁、文殊阁三座阁楼，其中天

1　〔唐〕僧道宣《续高僧传》。

2　〔日〕足立喜六《长安史迹研究》（西安：三秦出版社，2003 年）中考据，1 唐尺 =0.294 米。

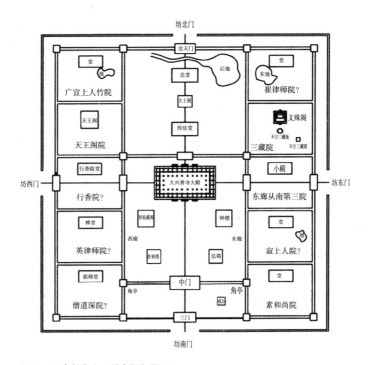

图19-6　唐长安大兴善寺想象平面图
（王贵祥《唐长安靖善坊大兴善寺大殿及寺院布局初探》，《中国建筑史论汇刊·第拾辑》，清华大学出版社，2014年）

王阁形制高大，为天下之最。还有不空三藏塔和舍利塔两塔，高度也不低。[1]

　　站在朱雀大街上，你还会看到一座熟悉的塔，那便是位于安仁坊的荐福寺浮屠院内，十五层密檐式塔身、

1　王贵祥《唐长安靖善坊大兴善寺大殿及寺院布局初探》，《中国建筑史论汇刊·第拾辑》，北京：清华大学出版社，2014年。

一百二十八尺高的小雁塔。隔街丰乐坊内法界尼寺一百三十尺高的双浮屠与其亲昵呼应。除了这些，朱雀大街东侧坊内从北到南还分布有至德女冠观、法寿尼寺、太平公主宅、光明寺；西侧坊内则有净影寺、都亭驿、开业寺、唐昌观、济度尼寺、资圣尼寺、玄都观、开元观。于是整个朱雀大街沿线建筑形成了一系列连续的乐章，绝不会让你的视觉感受到片刻无聊。你看吧，那些屋脊上的鸱尾、支撑屋顶的厚重斗拱、佛塔高耸的塔尖、坊内外大树的茂密树冠，还有玄都观内数千棵粉粉的桃树……纷纷耐不住寂寞，跳出坊墙，把朱雀大街两侧的天际线勾勒得跌宕起伏而仪态万千。

　　包括朱雀大街在内，长安城的二十五条坊与坊之间的主干道（东西十一条、南北十四条），宽度均在 50 米到 150 米，道路总面积达到 10 平方公里，占到外郭城总面积的七分之一。考虑到尺度的庞大和驻足空间的匮乏，这些被时间和空间双重阻断的街道并不适宜市民行走，而是更多体现了皇权和秩序。在被用来彰显大唐气象、服务政治的同时，它们也承担了一些社会空间的功能。以朱雀大街为例，《李娃传》中东西二凶肆之间的挽歌比赛，便特意选在"天门街"进行。京兆尹因旱灾祈雨，也是在朱雀大街造土龙，招来城中巫师，围着龙起舞。[1] 郭子仪以长安豪侠为内应夺回长安那次，豪侠们齐齐敲响朱雀大街上的街鼓，鼓声响彻全城，蕃

---

[1] 《太平御览》卷七百三十五。

军仓皇而去。[1] 斩首重要战俘的活动也选在这里进行，"（天宝）十三载三月，千里献俘于勤政楼，斩之于朱雀街"。[2]

面对这些与大场面更相配的主干道，长安市民机智地选择舍近求远，日常交通并不走坊之间的大路，而是走进坊内，用更亲切的坊内街道来通行。《冥报记》便记载了康报在长安城被无良旧识曾某追捕的故事。那日，追捕康报的曾某从他太平坊的住宅出发，乃是经由善和坊西门之内赶赴安上门进入皇城。他本可以走太平坊东门外的金光门至春明门大街，这条东西向大街正好位于皇城前面，曾某却选择从善和坊内穿过。数日后曾某再次走此路，并遇上了已伏法的康报的鬼魂，可见这种走法在当时已成常态。

要想仰望长安，不妨上朱雀大街看个究竟。威严、雄壮、气魄，这些词用在它身上绝不夸张，绵延5公里的宽敞大道，是肉眼可见的天都景象。若想走进长安的市井生活里，还需要走进坊门，坊内不受时间限制、自成一体，这些脱离了政治功能的街道充满了更容易亲近的烟火气。时间与空间的阻隔发生在坊门之外，坊内灯火可以不熄。信马虽无法由缰，但总是可以下马，走进坊内的茶肆或者毕罗店，闲坐但听旁人八卦。只有与人发生交通，城市才能从天上回归地下，拥抱每一个居住在其中的子民。

---

1 《新唐书·列传第六十二》之"郭之仪"。
2 《旧唐书·列传第一百三十七》之"程千里"。

在西市，活捉一只五陵少年郎

　　唐武宗会昌三年（843）六月二十七日夜三更，日本僧人圆仁目睹了东市的一场大火。那场火照亮了长安的整个夜空，烧掉东市曹门以西十二行、共计四千余家店铺，公私财物、金银绢药，悉数烧尽。据《长安志》记载，东市"市内货财二百二十行，四面立邸，四方珍奇，皆所积集"。东市与西市分列皇城两侧，各占两坊之地（面积约一平方公里），四面立墙，墙上各有两门，市内店铺的数量级是十万家起的水平。最外圈临着市墙的是用来保管外地客商发来货品的批发店"邸"，面向市民的零售店"肆"临街而设，同行业的"肆"集中成商业街是为"行"。正午之后，市门大开，除了五品以上官员的长安人纷纷入市，或购买生活所需，或流连酒肆，到市门关闭时仍不舍得离去。

　　到唐朝后期，长安城"东贵西富"的格局十分明显。东市紧邻大明宫、兴庆宫和诸多权贵住所，是为贵人之市。西市则是庶民之市。从"丝绸之路"入城须经由离西市最

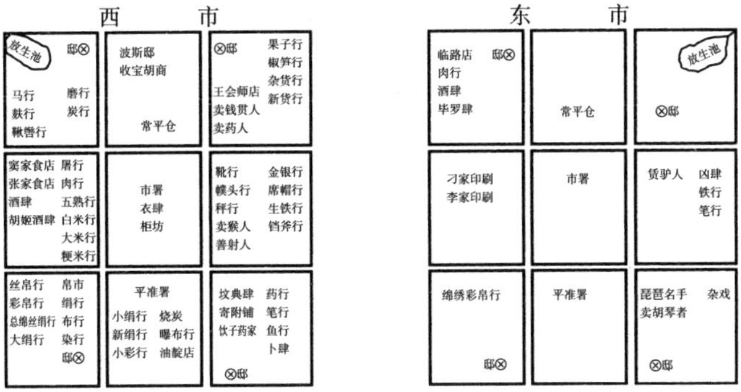

西　市　　　　　　　　　　　东　市

```
西　市
┌─────────┬─────────┬─────────┐
│放生池 邸⊗│ 波斯邸  │⊗邸  果子行│
│         │ 收宝胡商│     椒笋行│
│马行 唐行 │         │王会邸店 杂货行│
│肤行 炭行 │ 常平仓  │卖钱贯人 新货行│
│鞭辔行    │         │卖药人   │
├─────────┼─────────┼─────────┤
│窦家食店 屠行│市署   │靴头行 金银行│
│张家食店 肉行│衣肆   │镞头行 席帽行│
│酒肆 五熟行 │柜坊   │秤行 生铁行│
│胡姬酒肆 白米行│     │卖猴人 镴斧行│
│     大米行 │       │善射人   │
│     粳米行 │       │         │
├─────────┼─────────┼─────────┤
│丝帛行 帛市 │平准署  │坟典肆 药行│
│彩帛行 绢行 │小绢行 烧炭│寄附铺 笔行│
│总绵丝绢行 布行│新绢行 啰布行│饮子药家 鱼行│
│大绢行 染行 │小彩行 油靛店│     卜肆│
│     邸⊗  │       │     ⊗邸│
└─────────┴─────────┴─────────┘

东　市
┌─────────┬─────────┬─────────┐
│临路店 邸⊗│        │  放生池 │
│肉行     │        │         │
│酒肆     │ 常平仓  │     ⊗邸│
│毕罗肆    │        │         │
├─────────┼─────────┼─────────┤
│刁家印刷  │        │赁驴人 凶肆│
│李家印刷  │ 市署   │     铁行│
│         │        │     笔行│
├─────────┼─────────┼─────────┤
│绵绣彩帛行 │平准署   │琵琶名手 杂戏│
│         │        │卖胡琴者 │
│     邸⊗│        │⊗邸     │
└─────────┴─────────┴─────────┘
```

图20-1　唐长安城东、西两市内部形态结构
（史念海主编《西安历史地图集》，西安地图出版社，1996年）

近的开远门，外国人一多，商业也跟着丰富起来。西市的人气因此高于东市，得了"金市"的名号。西市的店铺开得多而且密，市内几乎没有空地。店铺种类亦是视君需求，应有尽有，有服装店、香药铺、珠宝店、饮食店、鱼店和酒楼，各种口音和味道混在一起，调制出的是西市独有的亲切气息。

胡商集聚的西市，胡姬陪酒自然是一大特色。若你终于盼来午后入市，会被同样心急的人群挤得只能踮脚走路。偶遇街边一胡人开的酒肆，并不是最豪华的，却香气馥郁，尤其是有高鼻深目、顾盼生姿的胡姬招呼你进店。你美美地品上一口全国十三大名酒之一的"西市腔"。[1]当时的酒

1　〔唐〕李肇《国史补》："河东之干和、葡萄，郢州之富水，乌程之若下，荥阳之上窟春，富平之石冻春，剑南之烧春，岭南之灵溪，博罗、宜城之九酝，浔阳之湓水，京城之西市腔，虾蟆陵之郎官清、阿婆清。又有三勒浆类酒，法出波斯。"

以麦、黍酿造，质地黏稠，味道偏甜，喝多了未免会觉得腻。你问我这西市腔究竟好喝在哪里？我还真不晓得。若想得到西市品酒的一手指南，我建议你去问问西市里那些和胡姬畅饮、一掷千金不眨眼的五陵少年郎。

五陵少年并非真住在五陵原。五陵原位于渭水之北，因汉朝的皇陵长陵、安陵、阳陵、茂陵和平陵分布于此而得名。汉朝初年有陵邑制度，在帝陵旁边修造大规模的城邑，将功臣、高官、富人以及豪强之家迁至陵邑之内，以尽祀奉守护之责，同时也暗含着强干弱枝的心思。[1] 其中光是汉高祖长陵的陵邑，最初便迁来万户之众。[2] 这一制度直到汉元帝永光四年（公元前 40 年）才得以废除。

在唐朝，"侠"并非一个新鲜字眼。早在春秋战国时期，思想百家争鸣，侠与士一道游走列国，毛遂、荆轲、剧孟，均是其中翘楚。西汉秉行黄老无为之治，庄园势力强大，庄园主均养有门客，侠风并未衰退。五陵一带由于本是豪强聚集之地，侠风便成了这个地带深刻的印记。五陵少年们一路走进了唐朝的长安城。"长安重游侠"[3]，而"游侠多少年"[4]。

1　《汉书·地理志》。

2　〔元〕马端临《文献通考》。

3　〔唐〕卢照邻《结客少年场行》。

4　〔唐〕王维《少年行四首》。

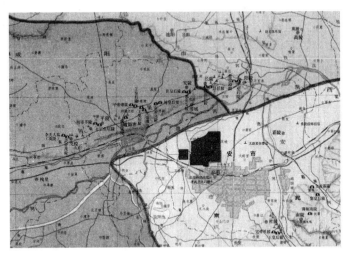

图20-2　五陵分布图
（史念海《西安历史地图集》，西安地图出版社，1996年）

　　顶着"五陵少年"名号的大唐少年们出现在诸多的诗句中，把长安的气质都带得不羁了起来。后世鲜见对侠客如此不遗余力的赞美。后来的人们推崇内敛、端正，个性被埋在儒雅的拱手之下。一谈起武力来，文人们纷纷捏起鼻子。宋人更是如此，从军之人都得在脸上刻印，横遭轻视。长安人可不一样。他们爱惨了这批五陵少年郎啊，爱得近乎宠溺。关于他们的描述通常是这样的："同学少年多不贱，五陵衣马自轻肥"[1] "五陵年少金市东，银鞍白马

1　〔唐〕杜甫《秋兴八首》。

度春风"[1]"贵里豪家白马骄,五陵年少不相饶"[2]。马蹄都快腾空而起了,春天属于他们,色彩属于他们,富贵也是他们的。

这是专属于唐朝的气质,毫不扭怩,肆意妄为,也许还有一点儿糙。

他们爱笑爱闹,懂得良辰美景要及时享受,而用西市腔换来微醺之后看到的景色刚刚好。每到春天来临,桃花杏花开满京华,长安道边的槐树冒出绿芽,少年郎们成群结队,各自置有矮马,马上装饰有锦鞯金络,并排缓行于花树之下,仆人手执酒具在旁跟随,遇到好的园囿便下马畅饮。[3](见彩图 20-1)曾有公认的侠义之士刘逸、李闲、卫旷,每到暑伏时节便各于林亭内植画柱,用锦绮结为凉棚,设坐具,召长安名妓间坐,递相延请,为避暑之会。世人无不艳羡。除了西市,他们还流连于"风流薮泽"平康坊,"挟弹飞鹰杜陵北,探丸借客渭桥西。俱邀侠客芙蓉剑,共宿娼家桃李蹊"。[4]

平康坊因位于长安街坊以北,靠近东市,又称为"北里",是长安城一等香艳所在之地。据王仁裕《开元天宝遗事》描述:"长安有平康坊者,妓女所居之地,京都侠少萃

1　〔唐〕李白《少年行》。

2　〔唐〕崔颢《渭城少年行》。

3　〔五代〕王仁裕《开元天宝遗事》。

4　〔唐〕卢照邻《长安古意》。

集于此，兼每年新进士，以红笺名纸游谒其中。时人谓此坊为风流薮泽。"平康坊内多曲，据《北里志》记载，入平康坊北门后，"东回三曲，即诸妓所居"。在唐传奇《李娃传》的叙述中，郑生正是从平康坊东门入，在鸣珂曲初见李娃，故事由此开始。侠客也好，新科进士也罢，全都游冶其中且毫不避讳，长安人对此也津津乐道，并无轻视之意。

　　这样放肆的一帮人，究竟是什么来历？

　　在同是唐传奇经典篇目的《霍小玉传》中，出现了一名风姿卓然的侠客，决定了故事的走向。负心汉李益抛弃霍小玉另娶世家女卢氏，心知霍小玉身患重疾仍不愿相见，反而优哉游哉约了友人游崇敬寺赏牡丹花。黄衫客便是在

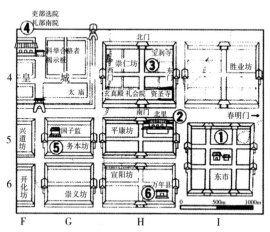

①东市　②城内最大的民间经营的冶游之处（平康坊北里）　③城内最大规模的旅馆街（崇仁坊）④应举试场（吏部选院、礼部南院）　⑤国子监（文庙位于其中）　⑥万年县厅

图20-3　唐代长安的繁华地（东市・平康坊・崇仁坊）

（［日］妹尾达彦《唐代长安的东市和西市》，《乾陵文化研究》（四），三秦出版社，2008年）

牡丹花会上第一次登场，"忽有一豪士，衣轻黄纻衫，挟弓弹，丰神隽美，衣服轻华，唯有一剪头胡雏从后，潜行而听之"。黄衫客用计将李益骗到霍小玉住处，命奴仆数人将他抱持入内，强令其相见。这位路见不平的黄衫客便是京城侠少的一员，虽不知其来历，但从"衣服轻华"、身后随从"剪头胡雏"、拥有"奴仆数人"，不难推断出他家世优渥。

　　游侠多是豪富子弟，不然不会有"龙马花雪毛，金鞍五陵豪"这一说。[1] 京师禁卫军是最为庞大的游侠群体。韦应物年轻时曾是玄宗的三卫郎。三卫郎，即"凡左右卫、亲卫、勋卫、翊卫，及左右率府亲勋翊卫，及诸卫之翊卫，通谓之三卫"。[2] 能有资格当三卫郎的，必须是权贵出身。韦应物便出身高门京兆韦氏，他在《逢杨开府》一诗中写道："少事武皇帝，无赖恃恩私。身作里中横，家藏亡命儿。朝持樗蒱局，暮窃东邻姬。司隶不敢捕，立在白玉墀。骊山风雪夜，长杨羽猎时。一字都不识，饮酒肆顽痴。"结交亡命徒，暮窃美姬，为所欲为，根本不读书，便是他身为侠少的生活写照。这些禁军少年郎"半醉五侯门里出，月高犹在禁街行"[3]"生来不读半行书，只把黄金买身贵"[4]。他们的人生和每年涌入长安的应试举子们大相径庭。没有寒

1　〔唐〕李白《白马篇》。

2　《旧唐书·志第二十三·职官二》。

3　〔唐〕罗邺《公子行》。

4　〔唐〕李贺《嘲少年》。

窗苦读，不需吟诗作赋，只要做个神气的禁军，挟弹鸣鞭，鲜衣怒马，斗鸡走马打球，美人在怀，大口喝酒，过瘾最好。

这样的生活都有些胡闹了，可为何唐人对游侠儿们如此仰慕？只因当时的社会风气"宁为百夫长，胜作一书生"[1]。崇侠，尚武，重边功，和当时唐朝的军事实力相关。汉唐两代，边塞均不是一个让人看了伤感的字眼，而是可以立马扬鞭驰骋的疆土。于是昔日的长安少年游侠客，夜上戍楼看太白时也毫不违和。[2]当他们翻身上马奔赴边关，这些平日里似乎只知道玩闹的少年郎以风沙装饰金鞍白马，仗剑拉弓只为为国戍边。只有到了大漠孤烟之地，侠士的豪情才显得格外荡气回肠。他们"偏坐金鞍调白羽，纷纷射杀五单于"[3]"追奔瀚海咽，战罢阴山空"[4]，是何等的潇洒！

游侠儿并非职业，而是一种生活态度，是飘荡在这个城市上空的气质。一个大部分人都幻想着快意恩仇、大口喝酒大口吃肉、手持利刃飞檐走壁的时代和它的都城，必然不是温敦儒雅的，而是豪情万千的。在这里，你可以想象远方，享受最美的花、最好的酒、最多情的姑娘。没有

1　〔唐〕杨炯《从军行》。

2　〔唐〕王维《陇头吟》。

3　〔唐〕王维《少年行四首》其四。

4　〔唐〕卢照邻《结客少年场行》。

什么可以束缚住你，只需要无忧无虑地做自己就好。快来
吧，如果不好意思去平康坊，就和我一起走到西市，活捉
一个在他最好年华的五陵少年郎。

长安妖魔鬼怪地图

开远门是长安外郭城西北方向第一个城门，亦是西去"丝绸之路"的起点。"开远门前万里堠，今来蹙到行原州"，[1] 讲的便是这里。堠是中国古代用来分程计里的标志之一。圆仁曾记载道，"唐国行五里立一堠子，行十里立二堠子：筑土堆，四角上狭下阔，高四尺或五尺不定"。[2] 开远门外的堠惊天动地，标记的是万里河山。天宝年间，玄宗在开远门外揭堠署立堠，上书"西极道九千九百里"。据《资治通鉴》记载，"是时中国盛强，自安远门（即开远门）西尽唐境万二千里，间阎相望，桑麻翳野，天下称富庶者无如陇右"。九千九百里是大唐的领土，一万二千里则包含西域诸国在内。自太宗起，外战连连告胜，陇上、凉州、吐

1　〔唐〕元稹《西凉伎·吾闻昔日西凉州》。

2　〔日〕圆仁《入唐求法巡礼行记》。

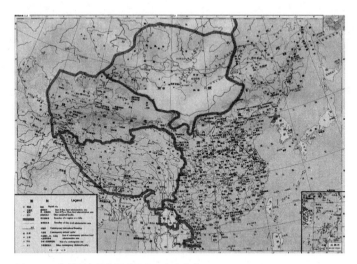

图21-1　唐朝疆土示意图（开元二十九年）
（谭其骧《中国历史地图集》，中国地图出版社，1996年）

谷浑、高昌……"中国无斥候警者几四十年"。[1] 开远门，是唐王朝对西域影响力的象征，离开长安远行的起点，升平盛世的中心。

　　这赋予了开远门一种卓然的地位，与南明德门、东通化门一道，成为长安记载最多的外郭城门。

　　然而，关于开远门，最吸引人（我）的是一段类似于僵尸森林的描述。

　　元和十二年（817），五次落榜的苏州人吴全素上京赶考，宿在长安永兴里。十二月十三日夜，已入睡的吴全素

――――――――――

1　《新唐书·列传第一百四十一·吐蕃》。

看见有两个执简的白衣人出现，像是贡院中举牌引路的人一样，硬要带他走。他推辞不过，只得从了这两人而去。他们从开远门走出长安城后二百来步再往北行，只见有路宽二尺，路以外是一片沼泽。这时，吴全素看到这样一番极其诡异的景象。

泥沼之中，竟有几百个男男女女在赶路。他们要么相互拉扯，要么被拽倒在地，要么上着枷锁，要么衣襟被连在一起，人群中还有和尚、道士，有的人袋子里装着自己的脑袋，也有人两手反绑被驱赶着……[1]

这显然不可能发生在夜禁中的长安郊外。无疑，他们都是鬼。

《法苑珠林》卷六二引《长阿含经》云，"一切人民所居舍宅，皆有鬼神，无有空者。街巷道陌，屠脍市肆，及诸山冡，皆有鬼神，无有空处"。在长安出没的除了鬼神，还有妖怪。鬼与妖的形成机制不同。鬼与宗教信仰相关，内含因果报应之类的道理。妖则植根于民间土生信仰。那时的人们都笃信万物皆有灵，不管你是树、蛇、板凳、木勺，还是狐狸，都应该有属于自己的精魂。每当暮鼓敲完，被关在坊内的长安市民们开始想象坊门外的景象。能有什么呢？不如有一群能代替他们自由穿行于月下街衢的鬼怪好了。

1　〔唐〕牛僧孺《玄怪录》卷三《吴全素》。

据《辇下岁时记》记载，务本坊西门是鬼市，每当风雨曛晦之时，都会听到鬼喧哗聚会的声音。而秋冬的夜晚多闻得卖干柴的声音，应该是枯柴精。又或是在月夜，听到有鬼吟诗："六街鼓绝行人歇，九衢茫茫空有月。"有和者云："九衢生人何劳劳，长安土尽槐根高。"

鬼市交易和文艺鬼吟诗都发生在夜禁时刻。和人相反，鬼怪皆昼伏夜出。鼓声号令之下，阴阳两界时空转换。鬼怪主要集中在三个时间段出现：暮鼓响起到结束之间、夜禁期间、晨鼓响起到结束之间。鬼在夜禁期间出现并不奇怪。暮鼓及晨鼓还没敲完的时候，夜禁还未开始或已经结束，但天色依然漆黑，此时人们开始陆续回坊或出坊，鬼怪则在此时出现或消逝，人鬼于是不小心撞了个正着。

家住崇贤里的裴通远便是在这个时间与鬼相遇。那天他们全家坐车去通化门观看唐宪宗的葬礼，回来时经过朱雀大街。这时候暮鼓开始敲了，他们只得快马加鞭往回赶。回程途中，他们在平康里北口遇见一白发老妪，一问原来也住在崇贤里，便好心捎她一程回去。老妪下车后，遗落一个红色锦囊在车中，打开发现是四条死人用来蒙面的白罗巾，于是一车四人全部丧命。[1]也有白天出现的鬼，比如被多人传颂的高法眼的故事。身为隋朝开国重臣高颎的玄孙，高法眼竟于正午时分在长安大街上被多名鬼骑马追逐，

1　〔唐〕薛用弱《集异记·裴通远》。

被鬼拿刀砍断发髻和连带的肉，最后落马暴死，在场有多人目击。这简直不符合鬼界的基本法。[1]

长安城的城市生态，可以用"东贵西富、南虚北实"八个字来形容，东边云集达官显贵，西边是豪富聚集之地，南边则萧条冷落。据《长安志》卷七《开明坊》记载："自朱雀门南第六横街以南，率无居人第宅。"由于规划的坊多于实际需求，南北距离远，往南的坊内往往都人迹罕至，有的甚至成为菜地。

和人一样，鬼喜欢出没于白天本就热闹的地方，东西两市周边数坊便鬼影重重。如鬼吟诗的务本坊，便位于朱雀门街东第二街从北数的第一坊，紧邻皇城之南的安上门。务本坊半坊都被国子监占据，坊内南街之北有房玄龄宅改成的先天观、进奏院以及诸多官员的住宅，与东市咫尺之遥。相邻的崇仁坊，是进京赶考的士子们集中居住之地。据徐松《唐两京城坊考》所记，此地"昼夜喧呼，灯火不绝"；紧邻的平康坊，则是他们风流的最佳去处。正是这一片欢腾热闹的地带，引来鬼怪流连。此外，两市有独柳树和狗脊岭这两个有警示作用的刑场，同时亦有放生池，旁有佛堂。杀人与放生同时发生，是人们目所能及的生死冲击，因此带来对鬼的想象也并不稀奇。

人员大规模流动的城门附近也不乏鬼的出现，吴全素

1　〔唐〕释道世《法苑珠林》。

的故事便是在开远门上演，在门外描述了一个幽冥地界。在居住地点的选择上，鬼往往会避开人，选择荒凉的城外或是城南坊内居住，其中最受欢迎的是兰陵坊。兰陵坊位于朱雀大街以东第一街自北向南第六坊，和明德门相邻。妖怪则属于居家型，经常出现在坊内住宅的八卦中，是许多凶宅的罪魁祸首。

据不完全统计，鬼分两种，一种是要人命的，一种是

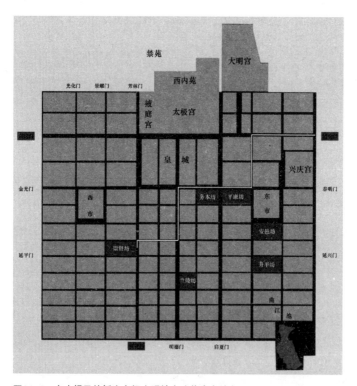

图21-2　文中提及的妖魔鬼怪出现地点（作者自绘）

办差使的。办差使的往往是男鬼，他们来凡间多有公务在身，通常都严格遵守时间要求，必要时还会保佑士子高中（想得美）。吴全素那日便是被办差的男鬼给错抓到了阎王殿。要人命的却是女鬼。据《广异记》中记载，开元年间，有名唤薛矜的，是管理宫市的长安尉。一日他在东市市前见一辆车，车中妇人有一双如白雪般的素手，薛矜为之倾倒。后来，他去妇人在金光门外的宅中相会，只见妇人端坐帐中，罗帕盖头。薛矜想拉掉罗帕，却怎么都拉不下来。拉了好久，罗帕才掉下来，看见妇人脸长尺余，脸色发青，声音如狗，薛矜当时厥倒。

鬼与妖形成机制虽不同，然而女鬼和女妖在世俗想象中似属同一物种。和薛矜相似的故事还有许多，女主却变成了妖怪。例如《博异志》中《李黄》记载的两个故事，一是陇西李黄于东市遇见一白衣美女，李黄心神俱醉，追求偷欢；二是任金吾参军的李琯，自永宁里出游，到安化门外遇到一通体银装的牛车，车后二白马女奴，姿容佳美，告诉李琯"车里的姑娘更美呢"，李琯于是跟随这二女，一路走到日暮，跟到安邑坊的奉诚园后春宵一度。

最后的结果是一致的。富家子都被蛇妖所惑，李黄暴卒，李琯脑裂而卒，美人下榻的豪宅白天竟然是废墟。同样的套路，到了《任氏传》里，却有所变异。荥阳郑生在东市往南第三坊升平坊的街上遇见狐妖任氏，郑生见任氏美貌，搭讪道："你这么美，怎么一个人走路呀？"任氏笑

答："有马的人不肯借给我，我不自己走能如何？"郑生答
曰："劣马不配给佳人代步，我这匹马送给你，我也陪你走
吧。"两人相视大笑，结伴而行，一路上走走停停，到乐游
原时已是天黑，郑生便留宿任氏宅，此处略去若干字不表。
然而与前面那三个倒霉蛋不同的是，任氏并未夺其性命，
第二天天没亮就催他离去，他还好端端地跟里门附近卖饼
的胡人聊了会儿天，得知任氏竟是狐妖。郑生与任氏后来
在西市衣铺相遇，竟然幸福快乐地生活了一段时间，直到
任氏蹊跷死去。

　　富家子与美女邂逅，理应是个色泽鲜艳、郎情妾意，
最起码也该是柔情款款，写个情信、吟一首小诗的故事。
然而一旦发生在长安城，却画风突变，要么是青脸女鬼，
要么是夺命妖怪，全都一上来直奔主题，后来暴卒收场，
让人简直无法好好地相爱。

　　无论是遇上美女还是被鬼追杀，这些对死后世界和黑
暗街道的想象并非唐人独有，今世亦不少见。当渲染上唐
代特有的糙和直接，少了款曲和不必要的迂回时，冲击力
更为强劲。和当时特有的夜禁制度结合在一起，鬼界和人
间共用一套空间和时间准则，什么时间该出现在哪儿，竟
是一板一眼。暮鼓声下，阴阳之间的界限模糊并交错着。
于是乎，长安月下，坊内灯火喧嚣，坊外百鬼夜行。当人
鬼相遇之时，我们完全可以想象他们能相视大笑。谁说这
城市不是他们所共有？白天黑夜，又有什么差别？

那些在庙里消磨的光阴

你若问我念念不忘的长安在何处，我当告诉你，我忘不了青龙寺僧廊边的红叶，忘不了崇敬寺西廊的牡丹，忘不了赵景公寺吴道子亲绘的壁画《地狱变》，忘不了大安国寺的红楼舞榭，忘不了慈恩寺雁塔题名时的意气风发，自然也忘不了在慈恩寺戏场看戏时，坐在我身边那位身着团花锦翻领小袖胡服的英武小娘子。

长安人爱热闹，动不动就倾城出动，上街围观，不然不会有"花开时节动京城"一说。能把全城人都吸引到通衢大道上的，往往是了不得的事，诸如上元灯节、牡丹花开、进士登科、公主出降、皇族入殡……以及佛骨入京。唐懿宗咸通十四年（873）四月初八，凤翔法门寺佛骨从开远门进城，天子在安福门上亲自观礼，看得直是涕泪满襟。佛骨所经之处，市民皆夹道围观，其中有炫富的土豪、砍掉自己手臂举着追着佛车跑的变态士兵、戏弄这位士兵的无赖坊市少年。歌舞有之，赏赐有之，街衢之间充斥着各类无遮大会新造的亭台楼阁。耳目所见尽是锣鼓喧天，争奇斗艳，知道的这是迎佛骨，不知道的大概以为上元佳节又过了一回。[1]

信仰是大家的事，不过，更为重要的是，皇帝是否拿它当回事。与笃信佛教的隋文帝比起来，在想和老子攀亲的唐朝皇帝中，真正信佛的没几个。用佛教做工具的倒不少，为笼络人心，为巩固统治，为彰显功德。如根本不信佛，甚至采取过"简僧"政策的太宗，"太宗实以不信佛见称"，"及即皇帝位，所修功德，多别有用心"，[2]他曾于贞观三年（629）冬天令京城僧尼七日行道，并在自己征战过的地方建造佛寺。[3]如表现得很信佛的武则天，将佛教的地位提升于道教之上，曾令天下各州建"大云居寺"——只因《大云经》中有"女皇"的内容。灭佛的也不乏其人。武宗会昌五年（845）那次灭佛，散尽长安僧尼，长安佛寺几乎消失殆尽，"天下所拆寺四千六百余所，还俗僧尼二十六万五百人"。[4]

兴建佛寺在隋唐皆属官方行为，佛寺的组织与管理亦由政府负责。隋大兴城一百零八坊，有佛寺的共计五十六坊。寺庙如满天星斗般散布于各坊，亦有明显集中分布的地区，包括城中心及东西市附近，且朱雀大街街西多于街

1　〔唐〕苏鹗《杜阳杂编》卷下。

2　汤用彤《隋唐佛教史稿》，武汉：武汉大学出版社，2008年。

3　〔唐〕释道世《法苑珠林》。

4　《唐大诏令·政事·道释》武宗"拆寺制诏令"。

东（和鬼出没的区位雷同）。唐长安城的许多佛寺都承继于
隋朝。唐朝初年，据《唐两京城坊考》记载，长安城内的隋
朝旧寺有七十余所，亦有不少新建寺庙，舍宅为寺更是当时
皇亲国戚的时尚。据孙昌武考证，长安城内有据可考的佛寺
共有一百六十余所，共七十七坊有寺，主要分布于东西市附
近、朱雀门横街附近等热闹地带，分布上与隋时差距不大。
其中名气最大的当属大安国寺、大慈恩寺、大荐福寺、大
兴善寺、西明寺、大总持寺（大庄严寺）和青龙寺。城外

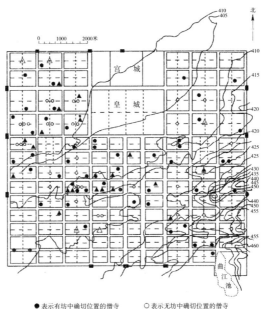

图22-1　隋大兴城寺院分布图

（龚国强《隋唐长安城佛寺研究》，文物出版社，2006年）

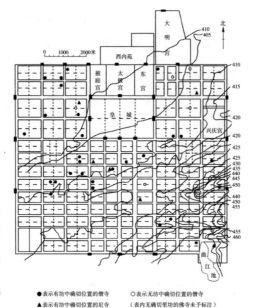

图22-2　唐天宝十四年（755）前长安新增佛寺分布图（龚国强《隋唐长安城佛寺研究》，文物出版社，2006年）

则以通化门外由大太监鱼朝恩宅改建的章敬寺最为知名。[1]

在这所有的寺院中，唯有青龙寺是我的心头好。青龙寺地处城东南新昌坊内，寺北门正好位于乐游原的地势最高点。青龙寺"北枕高原，前对南山，为登眺之绝胜，贾岛所谓'行坐见南山'是也"。[2]登临此寺，北可将长安街坊尽收眼底，南可观终南山之葱茏，处闹市却能享山景，妙不可言。贾岛曾寓居青龙寺。于是他知道，若想看到寺内最美的月色，需等到空中云彩散尽之时，他欣喜地写道：

1　孙昌武《唐长安佛寺考》，《唐研究》第二卷，北京：北京大学出版社，1996年。

2　〔宋〕张礼《游城南记》。

"拟看青龙寺里月，待无一点夜云时。"[1] 由于地处高垲，布
局开敞，利于西风悄悄穿过佛阁，为眺望秀丽南山的客人
带来一阵凉意。[2] 白居易曾在某个早夏的傍晚造访青龙寺。
其时恰逢雨后，他站在寺门外的树荫下，只见景气清和，
夏云嵯峨，残莺的叫声飘入耳中，一派让人沉醉的氛围。[3]
及至深秋，青龙寺褪去夏日的清丽，将沉静的美披在身上，
秋意渐浓，心思渐静，青龙寺巍峨的佛阁立于青山的背景
之中，红叶撒满了寂静的僧廊。[4]

　　青龙寺美在景色清丽，大安国寺最让人津津乐道的是
寺内的红楼。大安国寺原为睿宗李旦的王府，占了长乐坊
三分之二的面积，是距离宫城最近的寺院。红楼原为王府
舞榭，改为佛寺后仍然存留。同样是深秋时节，寺内的柿
叶被秋风吹红，碧空如洗之下，红叶与红楼相得益彰，色
彩甚是疏朗。[5]

　　西明寺的牡丹艳绝长安。西明寺位于延康坊西南隅，
曾为魏王李泰旧宅，玄奘是其首任上座。白居易曾来此赏
牡丹，同时思念他的元九。[6] 元九则称赞西明寺牡丹"花向

1　〔唐〕贾岛《题青龙寺》。

2　〔唐〕刘得仁《秋晚与友人游青龙寺》："高视终南秀，西风度阁凉。"

3　〔唐〕白居易《青龙寺早夏》。

4　〔唐〕朱庆余《题青龙寺》："青山当佛阁，红叶满僧廊。"

5　〔唐〕李益《诣红楼院寻广宣不遇留题》："柿叶翻红霜景秋，碧天如水倚红楼。"

6　〔唐〕白居易《西明寺牡丹花时忆元九》。

琉璃地上生，光风炫转紫云英"，[1] 真真是目眩神迷呢！西明
寺四周被青槐环绕，水系从寺内穿过，"青槐列其外，渌水
亘其间"，寺内"廊殿楼台，飞惊接汉，金铺藻栋，眩目晖
霞"。[2] 寺庙殿堂以及店内像幡皆妙极天仙、巧穷鬼神。[3]

　　西明寺有十余个院落，四千多间房屋。这是唐朝寺院
的常态——由众多院落组成的庞大建筑群："隋唐之制，率
皆寺分数院，周绕回廊。"[4] 院四周被一圈围廊环绕，如白居
易有诗云："南龙兴寺春晴后，缓步徐吟绕四廊。"[5] 院落分主
院和别院，主院通常是寺院最重要的建筑——佛殿的所在
地。佛殿前有塔，或位于中轴线上，或左右并立，殿前两
侧对称设置钟楼和经楼。佛殿之北有重阁，高度通常达百
尺，佛阁内供有高大的佛像，人们也可以登阁远望。

　　于是，你从南侧三门（取三解脱之意）走进一座唐朝
寺院，欣赏完雄浑苍劲的大殿，线条舒展的屋顶上琉璃瓦
当折射出的光影让你目眩神迷。树影之下，水系交错间形
成的莲池更是清幽迷人，说不定还能撞见一只信步池边的
鹤。你抬头看看参天的佛塔和楼阁，那时候空气总是清新
的，有蓝天做衬，鸟鸣助兴，你偶尔也会登上去遍览街景，

1　〔唐〕元稹《西明寺牡丹》。

2　〔唐〕慧立、彦悰《大慈恩寺三藏法师传》。

3　〔唐〕释道世《法苑珠林》。

4　梁思成《梁思成文集》（一），北京：中国建筑工业出版社，2010 年。

5　〔唐〕白居易《南龙兴寺残雪》。

作诗感叹一下帝京风华……这都是文人的雅好。我悄悄告诉你，市民还有另外一种享受寺院的朴素方式。

那就是听俗讲和看戏。

回到主院的中轴线上。大部分寺院在佛殿之后设有讲堂，讲堂也可以独立成院。为容纳数以千计的听众，讲堂的规模通常很大，其建筑的精美程度可以比拟佛殿。僧道氤曾在青龙寺讲道，"四海向风，学徒鳞萃，于青龙寺执新《疏》，听者数盈千计，至于西明、崇福二寺，讲堂悉用香泥，筑自水际，至于土面，庄严之盛，京中甲焉"[1]。僧人正是在这里对市民讲道，区分于僧讲，是为俗讲。俗讲便是将佛经中的故事以通俗易懂的方式讲给大众听，起到传播教义的作用。俗讲在长安十分受欢迎。《太平广记》记载有"樱桃青衣"的故事，天宝初年，曾有落魄书生看到一精舍中有僧开讲，听者甚众。唐敬宗曾亲临兴福寺听当时的大德文淑俗讲。[2]文淑是长庆年间长安俗讲第一人，据称他"善吟经，其声宛转，感动里人"，走红时间长达二十余年。[3]当时俗讲主要的文本是《华严经》《妙法莲华经》和《涅槃经》。俗讲的文字就是大白话说唱，且唱多于说，如《敦煌变文集》卷五《妙法莲华经讲经文》所记，基本可以

1　〔宋〕赞宁《大宋高僧传》卷五《唐长安青龙寺道氤传》。

2　〔宋〕司马光《资治通鉴·唐纪五十九》。

3　〔唐〕段安节《乐府杂录·文淑子》。

理解为佛教主题的说书了。

"大王告仙人:我见如今人,终日怀嗔喜。个个美顺言,人人愁逆耳。贪财何日肯休,爱色几时能止……大王临行,别其慈母,兼及太子臣寮。更与后妃公主:今欲辞违,愿垂允许。公主闻兮苦死留连,慈母见兮殷勤安抚,后妃悲啼,臣寮失绪。人人交仙者却回,个个愿大王不去。夫人闻言,泪流如雨。"

除了俗讲受人追捧之外,去寺里看戏亦是当时风潮。长安的戏场大部分设在寺院内,其中以大慈恩寺的最为著名。据钱易《南部新书》记载,"长安戏场,多集于慈恩,小者在青龙,其次荐福、永寿"。戏场内有歌舞、西域幻术、杂技等表演,在一些重要的节日如中元节、上巳节,以及举办无遮大会、斋会等佛教活动期间,寺院中会有百戏表演,引来观众如潮。唐宣宗万寿公主的小叔子病危,皇帝派人去探视,发现公主不在,于是问"公主去哪儿了"。答曰:"在慈恩寺戏场。"皇帝大怒。[1] 足见当时去寺院观戏有多受欢迎。

宫殿进不得,王府进不得,寺院却总是进得的。那些由皇亲国戚舍宅立的寺院,更是从此把大门打开了给人观赏,那些花团锦簇,那些珠光宝气,公主、王爷的神秘园囿变成了市民可以踏足之地。若是僧人,有你一方清修之

1　〔宋〕司马光《资治通鉴·唐纪六十四》。

所；若只是寻个去处，这里集中了建筑、壁画、园林、牡丹、登高……一切你能想象到的、可以欣赏的光景。当然，还有礼佛，盂兰盆节、无遮大会人气总是那么旺，也有些寻求热闹的嫌疑。由不得人们爱上在寺院消磨光阴。曲江只有一处，寺院才是坊间触手可及的公共空间。佛殿的屋脊是长安天际线的亮色，佛寺的所有元素则组成了长安人的社会生活。

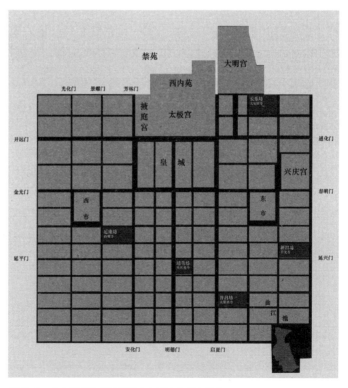

图22-3　文中提及的主要寺院分布图（作者自绘）

武宗会昌三年（843）夏天，段成式不满于韦述《两京新记》里的语焉不详，自己拉着两个好友郑梦复和张善继去探访了自兴善寺始、慈恩寺止、朱雀门大街以东的二十多所寺院。到他大中七年（853）任外职归京之时，这些寺庙大部分均在会昌五年的灭佛事件里化为瓦砾。其时友人已逝，他根据回忆在《酉阳杂俎》里特起两卷《寺塔记》，笔下并非只是那些造像、壁画、佛塔，而是曾经丈量过的光影。他说兴善寺曾经有水池，寺内素和尚院四棵梧桐树到了夏天就流下汁水，弄脏人衣衫，洗都洗不掉。他还说常乐坊的赵景公寺东门壁上，有吴道子画的《地狱变》，观看此画时会觉得毛发倒竖，是吴道子最得意的作品之一。

段成式说，"当时造适乐事，邈不可追"。同样的乐事，流连在我的笔尖。即使隔了一千余年，仍不禁心头怆然。

醴泉坊的米国人

唐武宗会昌三年（843）正月二十八日，左神策军军容衙，二十一个外国僧人心情复杂地吃茶。此时天气依然寒冷，军容衙的茶自然既不讲究也不可口，说不定根本就懒得细细去煎，只是潦草用开水冲了了事，但好在可以抵御些许寒冷。

这里面包括日本留学僧圆仁，还有青龙寺南天竺三藏宝月等五人，兴善寺北天竺三藏难陀一人，慈恩寺狮子国僧一人，资圣寺日本国僧三人，以及新罗国和龟兹国的一众僧人。时值唐武宗李炎大肆灭佛，不同于对本国僧人"杀杀杀"的狠辣，朝廷对外国僧人的态度倒是缓和许多。怕他们受惊吓，把他们接过来。任外面血光参天，独这里岁月静好，肤色各异的僧人们，就这么围坐着吃茶。

圆仁（793—864）来自京都比睿山，是最澄大师的弟子，于唐文宗开成三年（838）跟随第十八次遣唐使的船以请益僧身份入唐，在长安生活了四年十个月（840—845）。圆仁来唐时，唐朝管理外国留学僧的部门是左右街功德巡院。刚到长安的第一晚，他寄住在长安第一大寺——位于靖善坊的大兴善寺西禅院。第二天，他前往左街功德巡院递交通状，申请在长安留学的许可证。第三天为了办理相关手续，入住大明宫内的护国天王寺。最终得到官方许可，正式落脚于崇仁坊东南角的资圣寺。圆仁的前辈空海（774—835）当年住在青龙寺东塔院，师从宗师惠果学习密教法义。空海是那个时代的精英留学生，他于唐德宗贞元十年（794）入唐，只在长安待了一年零八个月，在惠果门下近六个月。这六个月期间，他跟随惠果学习密宗金刚界、胎藏界，最终得到惠果的密宗阿阇梨佛法灌顶，赐予"遍照金刚"的法号，成为密宗第八代座主。他还跟随晚唐书法名家韩方明学习书法，书法水平得到皇帝的欣赏，评价说能够媲美王羲之。在日本国内，空海和同样留学长安、师从柳宗元的橘逸势，以及嵯峨天皇并称为日本的书法"三笔"。

他们想家吗？那是必然的。702年入唐、因善围棋受到玄宗赏识的日本僧人弁正这么写道，"日边瞻日本，云里望云端。远道劳远国，长恨苦长安"。[1] 他们把故乡也带在身边。日本僧人圆载和圆仁同年入唐，他将从家乡带来的金桃种在自己于长安栖身的寺院中，"禅林几结金桃重"。[2]

---

1 ［日］弁正《在唐忆本乡》,《怀风藻》。

2 〔唐〕颜萱《送圆载上人》。

　　圆载在长安待了三十九年。公元 877 年，他带着自己从大唐搜集的几千册经典坐唐商李延孝的船回国，途中遇到大风浪，他和书卷都留在了海里。那么多期盼，那么多年光阴，却终不得重返故土。

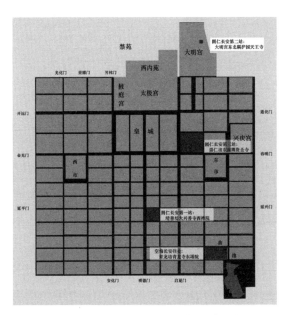

图23-1　文中提及的日本僧人主要分布地（作者自绘）

　　这些来自日本的学问僧或是请益僧，留学前就已接受良好的汉文、梵文和佛典教育，在长安时能迅速进入状态、潜心修习，回国后纷纷成为一派宗师。然而有一段时间，他们都是长安人。

　　新罗人想要的更多。他们想当官。

与日本相比，新罗与唐的关系更为紧密，是政治隶属关系。新罗严格的骨品制[1]阻断了一部分人上升的通道，来长安镀一层金成为他们跨越出身的一条捷径。穆宗长庆元年（821），诏令允许外国留学生参加科举考试，并且专为他们安排了一条通道"宾贡进士"，即指留学生进士。首位宾贡进士便是长庆元年登科的新罗人金云卿。来唐求学的新罗人络绎不绝，自太宗贞观年间到五代时期，总共有两千人之多（日本一共才一千人左右），同一时期在长安最多能有两百人。[2]

这两百人里，一部分是王室子弟，被称为"宿卫学生"，即公派留学生。金云卿作为第一姓"圣骨"，当在其列。另一部分，则是来长安寻求曲线升迁途径的"六头品"，即一般贵族子弟。崔致远便是其中一员。崔致远生于庆州，十二岁那年自费来唐留学，出发之前父亲对他说："你十年之内要是考不上进士，便不是我的儿子！"带着这样的期许，崔致远仅用了六年，在唐僖宗乾符元年（874）便考上了进士。及第之后，他并没有马上回国，而是留在唐朝长达十二年。

1　骨品制：依据血统的身份等级制度，王室为"圣骨""真骨"，只有这两骨才能任职高级官吏。往下为六至一头品，其中一般贵族为六至四头品，平民为三至一头品。

2　严耕望《新罗留唐学生与僧徒》，《严耕望史学论文集》，上海：上海古籍出版社，2009年。

　　在长安的新罗留学生们如鱼得水，没有肤色与文化上的隔阂，他们和一般唐朝士子无异，吟诗作赋，娶妻生子。他们就是长安人。

　　隋朝末年，来自于阗的尉迟跋质那和尉迟乙僧父子，以质子的身份抵达长安。

　　质子必须是外邦的王室子弟才能担任，作为向大唐示好的条件，他们一代又一代地来到长安。这是政治的选择，却造就了许多人的宿命。尉迟一家人住在朱雀大街以西的居德坊，[1] 他们有绘画的特长，被称为"大小尉迟"。其中，尉迟乙僧的名声鼎盛于唐贞观年间，与阎立本并列，连吴道子都深受其影响。尉迟乙僧善攻鬼神，凹凸画法独树一帜。凹凸画法源自印度，是一种用晕染的方式塑造立体效果的方法。凸出来的颜色深，凹进去的颜色浅，因此有了层次，远看是立体的，近看却是平面。凹凸画法塑形，大量使用西域独特的青石色提神。尉迟乙僧画笔下的鬼神奇形异貌、精妙绝伦，段成式曾赞叹他笔下的魔女栩栩如生，仿佛身体从壁画中钻出来一般（"身若出壁"）。[2]

　　尉迟乙僧的作品有大慈恩寺塔前功德，又有凹凸花面中间千手眼大悲，妙不可言。还有光泽寺七宝台后面的降魔像，千怪万状。都是十足的异国风情，而非中华风格。

1　〔唐〕张彦远《历代名画记》。

2　〔唐〕段成式《酉阳杂俎·寺塔记》。

像他这样的胡人画家，还有来自康国的康萨陀。康萨陀同样活跃于唐朝初年，善画异兽奇禽画，"初花晚叶，变态多端，异兽奇禽，千形万状"。他们从西域的风沙中来，高鼻深目，在寺庙里坚持勾勒出故乡鬼神的模样，却从此作为长安人终老。

醴泉坊是西市北边的第一个坊。

高宗永徽二年（651），波斯萨珊王朝被大食所灭，末代国王伊嗣俟三世死于大食人之手。身负血海深仇的王子卑路斯逃亡至大唐，奏请在醴泉坊修了一座波斯胡寺，位置在坊内十字街东南角。卑路斯和他儿子泥涅斯几经波折，最终均未能成功复国。卑路斯愤愤不平地死于吐火罗，泥涅斯则客死长安。卑路斯还出现在唐高宗乾陵外的石像生中。卑路斯的哥哥阿罗憾曾作为大唐的使节出使拂菻国（拜占庭帝国）。

波斯萨珊王朝绵延四百余年，国土一度有560万平方公里，势力最大之时可与罗马比肩。萨珊贵族习惯在封闭的野生动物园里面狩猎，那里是他们的"天堂猎场"。他们穿着联珠纹锦袍将箭射入野兽体内，野兽脚上系着皇家狩猎专用飘带。精致的生活已被大食铁蹄踏碎，如今只能在陌生的国都仰人鼻息，被封右武卫将军有何用？他们想念首都泰西封，可是就连森木鹿[1]都无法把他们带回故乡。

1　森木鹿是萨珊波斯和粟特艺术中常见的神兽。

　　和心心念念要复国的王子们不同，长安有的是生意做
得红红火火的波斯人。唐代有俗语列举了十样不相称的东
西，包括瘦人相扑、先生不识字、医生生病，以及穷波斯。[1]
波斯人左手贩入西域的珠宝，右手卖出大唐的丝绸。他们
怎么可能穷呢？不可能。

　　来自波斯、大食、回鹘、突厥、粟特……的商人，组
成了长安城里最为诡谲又遭人冷眼的群体——胡商。

　　胡商涌动在西市的酒肆，出现在唐人那些光怪陆离
的故事里。主要内容逃不开这样一个看起来有些乏味的
"胡人拾宝"经典套路：某人得到一个宝贝而不自知，却
遇到了一个胡人，死缠烂打非要花百万重金买这个宝贝。
买到之后又通过很惊悚的方式带回去，比如嵌到腿上的
肉里，或是吞进肚子里。这些故事里的胡人想来都带着
一种极度八卦的表情："哎呀，你可不知道，这是个宝贝
哩！"

　　说话时，他们碧绿的眼睛嵌在深深的眼窝里，闪着诡
谲的光，唐人嫌弃他们的眼神愁苦，却偏偏还抓住他们有
钱的人设不放。可如果真心要买，为什么要说出宝贝的真
实价值呢？是因为自己真的特别有钱吗，还是有一种过于
实在的憨傻？

　　胡人就是看准了做生意来的。故乡形势多舛，中国人

1　旧题〔唐〕李商隐撰《义山杂纂》。

自己又鄙视经商，把赚钱的空间拱手留给了他们。除了倒卖珠宝、药材、丝绸，他们还卖食品，比如烤馕（胡饼）、抓饭（毕罗）。故国的荣辱，于这些小民似乎没太多关系，在他们与家乡亲人的往来信件中传递出的信息，无非是"这里有钱挣，速来"，然后踏踏实实地做他们的长安人。在唐人同样热衷的鬼怪故事里，坊门开之前，总会有一个胡人点燃炉火，烙饼。

粟特人的故事最多了。

在中亚阿姆河和锡尔河之间，在撒马尔罕、布哈拉和片治肯特这些绿洲城邦，居住着"丝绸之路"上最会做生意的粟特人。粟特是一个统称，康、安、曹、石、米、何、火寻、戊地、史九个姓氏分别经营自己的城邦国家，称为"昭武九姓"。那里的土地肥沃，适合耕种，出产良马，国人嗜酒，喜欢歌舞于道。国王戴毡帽，帽上装饰有黄金珠宝。女子盘髻，罩着点缀有金花的黑巾。粟特人擅长经商，年满二十岁便去外国经商，有利益的地方就少不了他们的身影。[1]

和波斯人一样，粟特人也崇拜四手托日月、脚踏雄狮的娜娜女神。在康国的撒马尔罕，商人们的豪宅修得鳞次栉比，却对自己的经商身份闭口不提，在住宅大厅的壁画上把自己画成高贵矜持的贵族模样，和突厥人、白匈奴人、

1　《新唐书·列传第一百四十六·西域》。

唐人相谈甚欢。胸怀世界的何国国王有一座重楼，楼的北壁绘有中国皇帝，东突厥、婆罗门，西波斯、拂菻诸王，每天早晨，国王都要拜一拜四方君王。而撒马尔罕大使厅的两面壁画，一面属于狩猎的唐高宗，一面属于泛舟扔粽子的武则天。

在他们的世界里，从来都有参照系，不是只有自己。从撒马尔罕到长安，康国人的胡腾舞旋转不停，石国人的柘枝舞夺人心魂，唐太宗的御苑里种上了撒马尔罕的金桃。粟特人在诸国之间游刃有余，他们是商人、是使臣，在唐人几乎是脸谱化的叙述背后，他们乐得逍遥，不吟诗作赋，不祈求功名，是特别想得开的外国人。

哪里有粟特人，哪里就有祆祠。祆教并不传教，只是把祆祠建在信徒聚集的地方而已。

祆教，即琐罗亚斯德教，又称拜火教，最早是萨珊波斯的国教，后传遍整个中亚。祆教的最高神善神为阿胡拉·马兹达，他和恶神安哥拉·曼纽是死对头，他们分别代表光明世界和黑暗世界，不断地进行斗争。祆教以火为唯一崇拜的对象，礼拜圣火是其最重要的仪式。祆祠内除了有圣火坛（或是燃灯），在祈祷之日还会有幻术表演。

幻术表演相当骇人。祆主（祆祠的管理人员包括萨宝、祆正、祆祝和萨宝府长史）在一番供奉歌舞过后，掏出一横刀刺入自己腹内，刀刃从后背穿出，喷口水就平复如常。

或是拿一根大铁钉从额头穿入、腋下穿出，在祆神前跳上一支舞，拔出铁钉，一点事都没有。像这样的祆祠在长安共有五处，分别在布政坊西南隅、醴泉坊西北隅、普宁坊西北隅、靖恭坊街南之西和崇化坊[1]。除了靖恭坊外，其余的坊均在朱雀大街以西。

仍保留着聚落生活习惯的胡人们，就这样聚集在以醴泉坊和西市为中心的街西，这里的胡风几乎冲破天际。

米国人米继芬就住在醴泉坊。

米继芬是米国质子。米国是粟特昭武九姓中的一个小国，首都钵息德城位于撒马尔罕以东六十公里。

公元七世纪的中亚战火弥漫，大食铁蹄从萨珊波斯踏向昭武九国（642 年大食彻底打败萨珊王朝，651 年萨珊波斯国亡）。高宗永徽年间（650—655），米国被大食所破后一路动荡，先是为自保投奔西突厥。显庆三年（658），米国改宗唐朝，以其地为南谧州，授其君昭武开拙为刺史，自此朝贡不绝。开元年间（713—741），献璧、舞筵、狮子、胡旋女。然而大食人仍在攻城略地。大食名将屈底波率军队一路征服安国（709）、康国（712），其余诸国纷纷向唐朝求救，派使者进贡长安，并以王室子弟作为质子，以保两国关系永不破裂。

---

[1] 布政坊西南隅、醴泉坊西北隅、普宁坊西北隅、靖恭坊街南之西祆祠：见〔宋〕宋敏求《长安志》；崇化坊祆祠：见〔宋〕姚宽《西溪丛语》卷上。

在这样的背景下，公元 8 世纪初，还是少年的米继芬随父亲突骑施入质长安，在神策军做个闲职，他的儿子米国进后来也是如此。米氏一家却不是祆教徒，他们信仰景

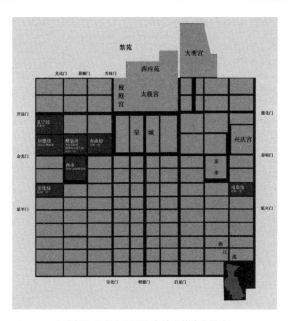

图23-2　文中提及的胡人主要分布地（作者自绘）

教。米家的小儿子思圆便是一名景教僧人。景教由波斯僧人阿罗本于贞观十二年（638）带入长安，在义宁坊修有大秦寺一所，离醴泉坊只有一条街的距离。思圆极有可能是在此出家。[1]

如果你在冬天走进公元 8 世纪初的醴泉坊，将有机会

1　亦有学者考证卑路斯所设立的波斯胡寺也是景教寺院。

目睹一场疯狂的泼寒胡戏。大鼓、小鼓、琵琶、五弦、箜篌、笛联合奏出激昂的音乐，旋律起初缓慢，后转为躁动，让人除了跟着音乐舞动，没有其他办法，人们戴着兽面面具，祖露上身，以水互相泼来泼去为乐。泼寒胡戏起源于康国，每年十一月举行，人们认为这样通过鼓舞乞寒可以消除病灾。泼寒胡戏自南朝时便已传入中国，到则天末年开始时兴，每逢番夷入朝时，亦会将其作为迎接外宾的节目。中宗曾登上洛阳城南门城楼亲自观赏，景龙三年（709）十二月乙酉，还令诸司长官前往醴泉坊观看泼寒胡戏。

米继芬却未曾在醴泉坊目睹泼寒胡戏。因为先天二年（713），玄宗听从张说的建议，下令禁止泼寒胡戏，其配乐《苏幕遮》、舞蹈《浑脱》却留了下来。

胡乐胡舞什么的，怎么可能在长安停得下来？

乐舞不相离，分健舞、软舞两种。[1] 来自西域的乐舞中，《春莺啭》《苏合香》《拨头》等属于软舞，《胡腾》《胡旋》《柘枝》等则是健舞。胡腾出自石国，舞者"肌肤如玉鼻如锥"，[2] 起舞之前，舞者会微微下蹲，用本国语言致辞。然后在横笛与琵琶的伴奏下起舞，舞步急促，胡帽上的明珠随着闪耀，腰间葡萄图样的带子翻飞如燕。胡旋舞出自康国，米国、康国都曾向唐朝献过胡旋女。胡旋舞疾转如风，舞

1　〔唐〕段安节《乐府杂录·舞工》。

2　〔唐〕李端《胡腾儿》。

者穿绯袄、锦袖，绿绫浑裆裤，赤色皮靴，弦鼓一响，举手起舞。

胡旋女不只在宫禁内、权贵家的筵席之上旋转，很多人对西市酒肆的胡姬念念不忘。李白便曾多次享受到胡姬的服务，"双歌二胡姬，更奏远清朝"，"胡姬貌如花，当垆笑春风。笑春风，舞罗衣，君今不醉欲安归"，"细雨春风花落时，挥鞭且就胡姬饮"。她们多是由胡商从西域贩卖过来的女奴，从西市的口马行花二百五十匹练的价格便可买来。装点了别人春风得意的夜晚之后，并没有人写下她们真切的生活。只有一些关于那些如花笑靥背后落寞的猜测，"卷发胡儿眼睛绿，高楼夜静吹横竹。一声似向天上来，月下美人望乡哭……寒砧能捣百尺练，粉泪凝珠滴红线。胡儿莫作陇头吟，隔窗暗结愁人心"[1] "手中抛下葡萄盏，西顾忽思乡路远"。[2]

还曾有一个叫曹野那姬的胡旋女，跳入了玄宗的怀中。野那，一个常见的粟特人名字，粟特语原意为"最喜欢的人"。她的女儿名叫虫娘，被封为寿安公主。玄宗好胡乐，善打羯鼓，看过一个著名的安姓粟特胖子跳胡旋舞。玄宗曾在宫中修有凉殿，座后水激扇车，四隅积水成帘，即使

1　〔唐〕李贺《龙夜吟》。

2　〔唐〕刘言史《王中丞宅夜观舞胡腾》。

是盛夏之时，其中依然凉气袭人。[1]

在拂菻国，也就是东罗马帝国的首都君士坦丁堡，便建有同款凉殿，"至于盛暑之节，人厌嚣热，乃引水潜流，上遍于屋宇，机制巧密，人莫之知。观者惟闻屋上泉鸣，俄见四檐飞溜，悬波如瀑，激气成凉风，其巧如此"。[2]

这样的故事讲上若干个回合都讲不完。就不说在圆仁来长安之前许多年，鉴真就把苏幕遮舞带到了日本，日本人把野兽面具换成了蓑笠，跳舞的时候也会带有踩水的动作。地球被来回绕了许多圈，最后总会汇到一点。当这些人、事、物融合在一起时，发现不管隔了多久、多远，彼此之间有过不可思议的联系，又何必分什么轩轾。不管是粟特人曹野那姬的夫君玄宗的东罗马帝国同款凉殿，还是胸怀世界的何国国王，把唐高宗和武则天画在自家壁画上的撒马尔罕贵族，抑或是辗转复国的波斯王卑路斯，西市里以放高利贷而臭名远扬的回鹘人……还是九十二岁葬在长安醴泉坊的米继芬。长安包容了他们，他们也把远方带进了长安。他们带着各自的心事，在同样一轮月下，共同默念过一个城市的名字。

（参见彩图 23-1、彩图 23-2）

1　〔宋〕王谠《唐语林》卷四。

2　《旧唐书·列传第一百四十八·西戎》之"拂菻"。

盛唐的雪

公元 876 年，巴士拉商人伊本·瓦哈布向他的同乡阿布扎伊德这样描绘朱雀大街以东的这片区域："皇帝和他的宰相、军队、最高法官、宫里的宦官及家臣等，住在右边的东半个街区，不跟普通民众混住，那里也没有市场。而且这个地区的街道边都有水渠，流着清澈的水，旁边栽种着整齐的树木，宅邸鳞次栉比。"[1]

城东北是长安城最贵气的区域。由于紧邻大明宫和兴庆宫，加之地势高爽，开元之后各类甲第逐渐在此聚集。甲第，即豪华住宅，"甲第并列，京城美之"，一个叫韦述的甲第主人在他的书《两京新记》里这么描述道。这些甲第的拥有者们，要么是皇亲国戚，要么是官僚贵族。甲第大多可以在坊墙上当街开门，且占地面积广袤，有的甚至

1　荣新江《高楼对紫陌，甲第连青山——唐长安城的甲第及其象征意义》，《中华文史论丛》2009 年第 4 期。

近半坊之地。按唐《营缮令》的要求，王公按规制可以修建重栱藻井、面阔五间进深九架的高大殿堂。试想一个春和景明的下午，碧空如洗，通衢大道两侧的绿槐掩映间，长安城最壮丽的豪宅们的雄浑屋檐舒朗探出，像是要一路绵延下去，直到与远处青山的轮廓连成一片。有的甲第甚至修有三重楼阁，如唐中宗与韦皇后的长女长宁公主的宅邸"作三重楼以冯观"[1]。这些甲第遥望壮丽犹如天庭，它们面阔三间、进深五架的歇山顶乌头门交相出现于主宰长安街景的坊墙上，大门紧闭。对于一般市民来说，宫殿无法窥探究竟，寺庙人来人往已失却神秘，唯有这里目之所及却难以靠近。

城东北作为甲第聚集区的两个历史节点，一是大明宫的建成投入使用，二是舍不得自己王府的玄宗扩建了一个兴庆宫。兴庆宫是玄宗在藩旧邸，当时他和宁王、岐王、薛王、申王兄弟五人一起住在那里，被称作"五王宅"。玄宗登基之后，将五王宅改为兴庆宫，于开元十六年（728）从大明宫移至兴庆宫居住听政，又在兴庆宫附近赐第，让兄弟们宅第相连，环绕宫侧。岐王李范的王府位于安兴坊东南隅，紧邻着兴庆宫的西宫墙。申王也住在安兴坊，宁王和薛王住在安兴坊以南的胜业坊。

---

1 《新唐书·列传第八》。

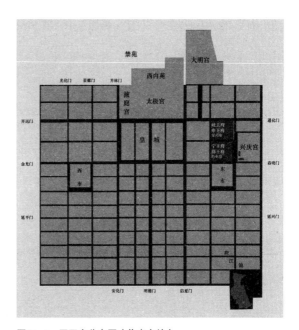

图24-1　五王宅分布图（作者自绘）

　　兴庆宫宫城东西宽1080米，南北长1250米，通过夹城复道北与大明宫、南与曲江相连接。宫城分为南北两部分，北部为宫殿区，分布有兴庆殿、大同殿、南薰殿等建筑；南部为以兴庆池为中心的园林区。兴庆池东北有沉香亭，亭前种有红、淡红、紫、纯白四种颜色的芍药，以及一种早上是深红色，中午变成深碧，暮则深黄，夜则粉白的神奇花卉。玄宗和贵妃经常在这里设宴赏花，"名花倾国两相欢，常得君王带笑看。解释春风无限恨，沉香亭北倚栏杆"，李白《清平调》写的正是这里。

　　位于兴庆池西南的勤政务本楼与花萼相辉楼才是最吸睛的存在。勤政务本楼建于兴庆宫南宫墙附近，用于理政；花萼相辉楼建于西宫墙附近，用于宴乐。两楼均修建于开元八年（720），扩建于开元二十四年（736），扩建的时候毁了东市东北角和道正坊西北，使得两楼能够围合出一个数万平米的开阔广场。两楼之间通过"日"字形长廊相连接，从长廊二层可以穿行两楼，与宫墙无碍。

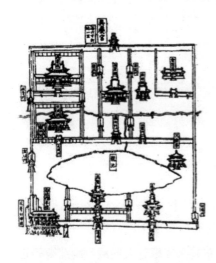

图24-2　〔宋〕吕大防兴庆宫石刻
（窦培德、罗宏才《唐兴庆宫勤政务本楼花萼相辉楼复原初步研究》，《文博》，2006年）

　　花萼相辉楼的名字取自《诗经·棠棣》，"棠棣之华，鄂不韡韡。凡今之人，莫如兄弟"。玄宗兄弟五人感情深厚，当年在祖母武则天高压之下便同住于洛阳积善坊，到长安后继续住于五王宅，其间风云激荡惊心动魄，后又有宁王李宪让皇太子位之事，患难间更见情深。

　　登上花萼相辉楼，可以遥遥看到函谷关上的云，也能

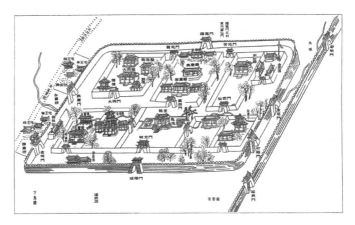

图24-3　《陕西通志》兴庆宫图
[[日]平冈武夫主编《唐代的长安与洛阳（地图篇）》，上海古籍出版社，1991年]

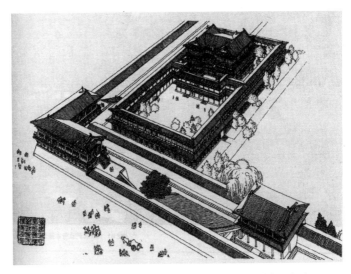

图24-4　唐兴庆宫遗址新建花萼相辉楼、勤政务本楼与角楼复原鸟瞰图
（杨鸿勋《宫殿考古通论》，紫禁城出版社，2009年）

看清城西昆明池边的树。[1] 花萼相辉楼高一百二十唐尺（约35.3 米），共有三层，"仰接天汉，俯瞰皇州"。[2] 从一楼外面的楼梯登上二楼，在楼梯拐弯处看见楼门，走进去之后，二楼和三楼的楼梯均在室内。二楼和三楼均为面阔七间、进深六间的超大空间，室内装饰"雕梁画栋，金铺珠缀，画拱交映，飞梁回绕，藻井倒垂"。长安城内在登高望远的同时还能宴乐歌舞的，只此一处。玄宗经常在这里与群臣宴饮，欢乐往往在上元夜达到巅峰。其时，月上南山，灯衔北斗，清歌齐升，妙舞连宵，是长安城最耀眼的一处所在。（见彩图 24-1）

每当玄宗趴在花萼相辉楼的栏杆西望，只要听到隔壁诸坊内诸王王府传来乐声，就会赶紧召兄弟们上楼同榻宴乐。玄宗擅长羯鼓，他的大哥宁王李宪则擅长吹笛——唐人张祜曾有"梨花深院无人见，闲把宁王玉笛吹"的诗句。唱和之间，一派兄友弟恭的和谐景象。诸王每日在侧门朝见，他们归宅之后或击球斗鸡，或飞鹰走犬，或赏月赋诗，或奏乐痛饮，欢乐不绝于岁月——除此之外又能做些什么呢？毕竟皇帝兄弟天天看着。宁王宅中有山池院，将兴庆池西流引入并疏凿屈曲，连环为九曲池。池上筑土为基，垒石为山，植有松柏。其中分布有落猿岩、栖龙岫，奇石

1　〔唐〕高盖《花萼楼赋并序》："幸夫花萼之楼……遥窥函谷之云，近识昆池之树。"

2　〔唐〕王谌《花萼楼赋》。

图24-5　勤政务本楼正面复原图
（《唐兴庆宫勤政务本楼花萼相辉楼复原初步研究》，《文博》，2006年）

异木、珍禽怪兽，又有鹤仙渚，殿宇相连，左沧浪，右临漪。宁王经常与宫人、宾客饮宴垂钓于其中。[1]玄宗曾在花萼楼上津津有味地观看群臣在宁王山亭宴乐，随后把他们一起叫上来赏乐赋诗。

　　贵族生活充满了一切让人忍不住八卦的素材。作为盛唐时期最矜贵的亲王之一，岐王李范无疑是长安坊间热议的对象，关于他的传闻诸如：每当冬天来临之时，岐王会将手伸入妙龄妓女的怀中暖手，所谓"香肌暖手"。[2]再如，岐王宅内的竹林中悬有碎玉片子，入夜，每当听到玉片子

1　〔明〕何景明《雍大记》。

2　〔五代〕王仁裕《开元天宝遗事》："岐王少惑女色，每至冬寒手冷，不近于火，惟于妙妓怀中揣其肌肤，称为暖手，当日如是。"

相触之声，便知道有风来了，因此称之为占风铎。[1]岐王精于音律，爱好收藏书画古籍、结交文士，诸多文人墨客皆曾是岐王府的座上客。

而名门之后王维，据说便是从岐王府步入了长安的社交圈。

王维出身于太原王氏，母亲则是博陵崔氏之后。初来长安之时，王维尚未到弱冠之年，他博学多艺，诗文、字画、音律皆佳，受到长安贵族社交圈的热烈欢迎，"凡诸王、驸马、豪右、贵势之门，无不拂席迎之，宁王、薛王待之如师友"。[2]成为王府的常客对寒门士子来说遥不可及，对他来说却再自然不过。这也是他进京的初衷。表面上是参加府试，实际上是为了获得某位王子的支持，这是当时的贵族少年进入官场的一条公认轨迹。

开元初年，王维顺利地进士及第。这期间他得到了几位王子的支持，特别是岐王。他与岐王交从密切，曾跟随岐王经过杨氏别业，"杨子谈经所，淮王载酒过。兴阑啼鸟换，坐久落花多。径转回银烛，林开散玉珂。严城时未启，前路拥笙歌"。[3]别业位于城外，意兴阑珊之时，有鸟儿鸣叫着催促回城，而落花也纷纷铺在身侧。夜色下烛火产生

1　〔五代〕王仁裕《开元天宝遗事》："岐王宫中于竹林内悬碎玉片子，每夜闻玉片子相触之声，即知有风，号为占风铎。"

2　《旧唐书·列传第一百四十·文苑》之"王维"。

3　〔唐〕王维《从岐王过杨氏别业应教》。

一种银色的光线，把曲曲折折的小路点亮，月光散落在树林的间隙，像错落的玉块。一行人走到城下，发现城门还未开启，索性继续奏响了乐曲。

他还跟岐王一起夜宴卫家山池，"座客香貂满，宫娃绮幔张。涧花轻粉色，山月少灯光。积翠纱窗暗，飞泉绣户凉。还将歌舞出，归路莫愁长"。[1]又是冠盖云集，幔帐内活色生香，粉色的花瓣开在水侧，山里清冽的月光充当了灯火的角色，歌似乎永远不会停止。亦曾跟随岐王去九成宫避暑，"帝子远辞丹凤阙，天书遥借翠微宫。隔窗云雾生衣上，卷幔山泉入镜中。林下水声喧语笑，岩间树色隐房栊。仙家未必能胜此，何事吹笙向碧空"。[2]哪怕隔着窗户，云雾都弥漫到了衣衫之上。卷起幔帐，山泉映入对照的铜镜之中。这般景致竟是比仙境还要胜出几分了，又何必像王子乔那样求仙呢？

堂，唐代住宅内最重要的建筑。堂的四周被廊环绕，形成院落。人们会用最大的力气来修建和布置它。如虢国夫人宣阳坊府内的堂耗费达万金；长安首富王元宝宅内的礼贤堂，用名贵的沉檀木为轩槛，以锦文石为柱础，用碔砆（一种像玉的石头）铺地面——要知道皇宫无非也就用

1　〔唐〕王维《从岐王夜宴卫家山池应教》。

2　〔唐〕王维《敕借岐王九成宫避暑应教》。

刻了花纹的地砖而已。[1]

因此位于安兴坊的岐王府内，必须有一座美轮美奂的堂。堂内香气萦绕，熏炉内袅袅燃着龙脑香，屏风上画有穿着羽毛做的裙子的仕女，龙檀木雕成的灯奴穿着绿色衣袍，烛火映着这些贵人们数不清的旖旎夜晚。穿着五色罗衫，戴着胡帽银带的舞者跳起了《柘枝舞》，地衣四周压了四个狮子或者大象模样的镇角香兽，袅袅喷出香气。一曲舞罢，岐王拍拍手，在席尾的华服少年横抱琵琶，从容奏上一曲《郁轮袍》，王子公主们看得如痴如醉。

少年王维在朱雀大街以东如鱼得水，他似乎就该拥有这样的生活。进士及第后，他被任命为太乐丞，从事自己擅长的音乐工作，专管邦国祭祀所用的乐舞。然而没过多久，他便因过失被贬到济州当了个司仓参军。到底是因为允许乐师表演黄狮子舞的过失，还是因为和亲王们过从甚密触了皇帝的龙鳞，不得而知。

再次回到长安之后，开元二十九年（741），四十岁左右的王维买下了宋之问在蓝田辋川的别墅，并在此居住了将近十四年。

在南郊置办别业的并非只有王维一人，京官加别业是当时官员的集体梦想。南郊樊川、蓝田辋川和再往南的终南山谷口，是别业集中聚集之地。出樊川北岸之高地，距

1　〔五代〕王仁裕《开元天宝遗事》。

离终南山仅二十里，所谓"城南韦杜，去天尺五"，京兆韦氏和杜氏便在此居住。罗邺《春日偶题城南韦曲》云，"韦曲城南锦绣堆，千金不惜买花栽。谁知豪贵多羁束，落尽春红不见来"。这些别业往往规模庞大，陈设豪华。如元载的别业，"连疆接畛，凡数十所，婢仆曳罗绮一百余人，恣为不法，侈僭无度"。[1] 虽位处城郊，别业仍是豪贵生活的延伸。不过换了个地方，借着城内没有的山林景色继续宴乐罢了。

"终南与清都，烟雨遥相通。"[2] 出长安城东南角的启夏门，穿越樊川，一路经过韦曲、杜曲，到达神禾原，神禾原背后是南山山谷，再往南看，若是遇到一场未尽的小雨，烟雨蒙蒙之间，依稀可以看到雨雾笼罩的青山轮廓，那便是长安人总在眺望的终南山了。

终南山就是长安人的桃花源。《全唐诗》中提及终南山的诗总共有四百多首。这种想象恰恰说明了长安的无法割舍——难道青山绿水仅此一处？何不干脆一点，走得更远一些？不过因为在终南山能望见长安罢了。两相对望，城内的人望见的是南山的云雾和或许会拥有的闲适心境，山里的人北望，满目皆是红尘。白居易《游悟真寺回，山下别张殷衡》说，"世缘未了住不得，孤负青山心共知。愁君

1　《旧唐书·列传第六十八》之"元载传"。

2　〔唐〕李商隐《李肱所遗画松诗书两纸得四十韵》。

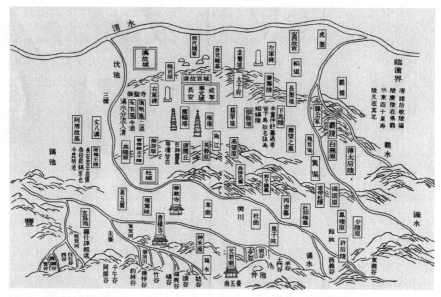

图24-6 城南名胜古迹图
[［日］平冈武夫编《唐代的长安与洛阳（地图篇）》，上海古籍出版社，1991年]

又入都门去，即是红尘满眼时"。可是啊，既然红尘无法割舍，好在还有终南山可以容人喘息。"扰扰驰名者，谁能一日闲。我来无伴侣，把酒对南山。"[1]韩愈这么说。

王维到了南山，却不曾往回看。他的辋川别业绵延二十余里，里面有亭台楼阁、竹洲花坞，引入辋川的水流淌于草堂之下，在竹林里或见一潭水，被映成青翠的绿色。在这里可以浮轻舟、绕溪洞、弹琴朗咏。渔樵耕读皆可为之。

---

1 〔唐〕韩愈《游城南十六首·把酒》。

王维对自己的辋川别业爱不释手，每天安排了十数人打扫卫生。

这里没有紫陌红尘、甲第欢宴，没有言不由衷的诗、虚情假意的应酬，没有精致又不堪一击的贵族生活、不得不去追求却又不可期的富贵功名。这里只看得见"漠漠水田飞白鹭，阴阴夏木啭黄鹂"[1]，"雨中草色绿堪染，水上桃花红欲然"。[2] 拥有这些，大概就可以了。在草堂里面对着窗外的远山弹一曲，或是听着风吹树动的声音写下荡阔的诗句，句句都为自己。他和裴迪唱和二十首诗集成《辋川集》，每一首都是自得其乐、天高云阔的平静。他在蓝田清源寺壁上画下《辋川图》，风格并非清雅淡丽的那一种，张彦远说它"笔力雄壮"[3]，朱景玄说它"山谷郁盘，云飞水动，意出尘外，怪生笔端"。[4]（见彩图24-2）

《辋川图》画的是冬日雪景。据秦观说，即使是在盛夏，只要看到画上潇洒的笔触，犹如辋川移置眼前，飒飒于风雪之中。好像是和王维一起"度华子岗，经孟城坳，憩辋口庄，泊文杏馆，上斤竹岭，并木兰柴，绝茱萸沜，蹑宫槐陌，窥鹿柴，返于南北垞，航欹湖，戏柳浪，濯栾家濑，

1　〔唐〕王维《积雨辋川庄作》。

2　〔唐〕王维《辋川别业》。

3　〔唐〕张彦远《历代名画记》。

4　〔唐〕朱景玄《唐朝名画录》。

酌金屑泉，过白石滩，停竹里馆，转辛夷坞，抵漆园"。[1]

　　在辋川的雪中，王维并不曾怀念城东的绮丽。朱门甲第的主人换了一茬又一茬，辋川却永远和他联系在一起。

　　盛唐的雪花，轻轻地落在他的肩膀上。

1　〔宋〕秦观《书摩诘〈辋川图〉后》。

京兆尹能有多厉害

长安城有一恶霸叫张干。他左臂刺青文字是:"生不怕京兆尹",右臂"死不畏阎罗王"。在百姓眼中,京兆尹和阴曹地府的阎罗王杀伤等级竟是同样的,足以见其厉害程度。

后来他果真被京兆尹薛公杖杀了[1]。

京兆尹可以说是很厉害了。小说里关于京兆尹的记录都是这样的。

《太平广记》卷九《温京兆》讲了这么一个故事。长安京兆尹出行实行静街制度,静通衢,闭里门,有挡道者,杖杀之。某日京兆尹温璋〔咸通六年(865)至咸通十一年(870)在京兆尹任〕从朱雀门大街南行至南城门途中,一个黄衣老人便因为没有回避而遭到鞭刑。老人受刑之后竟然若无其事地离去,温璋察觉情况有异,找人打听,知

---

1 〔唐〕段成式《酉阳杂俎》卷八《黥》。

道老人原来是掌管人命运的真君，隐身在城南的兰陵坊。温璋赶紧到兰陵坊亲自赔罪，请求真君放过，后来真君没有祸及温的家人，只让他自己受到了应得的报应。段成式《酉阳杂俎》卷九《盗侠》也记载了一个类似的故事，剧情几乎一模一样，只不过牵扯到的京兆尹是黎幹［永泰元年（765）十月至大历二年（767）初、大历九年（774）四月至大历十四年（779）在京兆尹任］，故事发生地点在曲江。

赵璘《因话录》记载的京兆尹故事没有神仙出场，但是也足够肃杀。曾有神策军不遵守静街制度，即京兆尹出行时没有回避，被京兆尹柳公绰［元和十一年（816）十二月（同月因丁忧离职），长庆元年（821）三月至十月在京兆尹任］当街杖杀。皇帝找他来理论，他振振有词道："京兆尹，天下取则之地。臣初受陛下奖擢，军中偏裨跃马冲过，此乃轻陛下典法，不独试臣。臣知杖无礼之人，不知打神策军将。"上曰："卿何不奏？"公曰："臣只合决，不合奏。"

"别人轻视的不是我，而是陛下您！"此言一出，连皇帝也拿他没办法了。

唐代京畿制度的根基始于汉代，《通典》述其来源：

> 今之雍州，理长安、万年二县。周之旧都，平王东迁而属秦，始皇以为内史地。汉高祖初属塞国，后更为渭南郡，寻罢，复为内史，武帝分为右内史，秦

于右北分泾水，置郑渠，灌田四万余顷。汉置白渠，灌四千五百余顷。后更分京兆尹，领县十二。后汉因之，领县十。魏改尹为守，后改为秦国，后复为京兆国。晋为京兆郡，兼置雍州，领郡国七，理于此。后魏亦然。后周复为京兆尹。隋初置雍州，炀帝改为京兆郡。大唐初复为雍州，开元元年改为京兆府。凡周、秦、汉、晋、西魏、后周、隋，至于我唐，并为帝都。

京城是国家的核心，天子的地盘。从汉代起，京兆尹、左冯翊、右扶风三辅京畿长官，他们的工作职责在一般地方政府长官应该做的之外，还多了"独得奏朝请，参与朝政，秩禄、参朝政与九卿通，兼有地方长官与朝官两重身份"。[1]唐朝最重要的三个府为京兆、河南与太原三府，三府中以京兆府地位最重要。

唐代京兆府所辖地，除长安、万年二县外，另有京畿诸县共二十县左右。京兆府的组织，按照《大唐六典》记载，设有牧一名（官从二品）、尹一名（官从三品）、少尹两名（官从四下），其余有司录参军事、功曹司功参军事等二十八人。京兆牧是个荣誉称号，并不理政，玄宗前一般由亲王出任，高祖时的京兆牧便是秦王李世民（但他当时以自己雍州牧的身份干预了雍州的人事任命，以萧瑀为

1　张荣芳《唐代京兆尹研究》，台北：学生书局，1987年。

州都督，高士廉为雍州治中），玄宗后便无京兆牧的记载了。京兆尹的职位从隋到唐也有几次变化，隋恭帝义宁元年（617）五月十五日改隋京兆郡为雍州，以别驾领州事；太宗贞观二十三年（649）七月三日改雍州别驾为长史；玄宗开元元年（713）改雍州为京兆府，以长史为京兆尹。

即使在唐朝，对身兼地方官与朝官二职的京兆尹来说，其首要职责仍然是民生，使市民安居乐业，维持户口稳定，敦励风俗，这也是朝廷对京兆尹的考核指标之一。治理不力，马上免去。劝课农桑、促进生产也是京兆尹的要务。首先要保证农业不缺水，一旦大旱，满朝忧虑，京兆尹如临大敌。因此有用力过猛的。如因为擅长占星而入仕的黎幹，一度为官勤勉，却在复拜京兆尹后"自以得志，无心为理，贪暴益甚，徇于财色"。[1] 大历九年（774）七月，京兆大旱，黎幹居然在朱雀大街上祈雨。他在街中造了一条土龙，然后把长安城的巫师都招来，他和巫师一起围着土龙跳舞祈雨，围观群众骇笑。然而并没有什么用，还是没下雨。也有祈雨成功的，比如京兆尹孔戡[大和二年（828）正月至大和三年（829）正月在京兆尹任]在曲江求雨的当夜，大雨如约而至。对于穷苦无依的人，京兆尹也应予以救济。例如文宗大和六年（832）下诏："京城内鳏寡孤独不能自济，喑聋跛躄穷无告者，亦委京兆尹两县令量加

---

1 《旧唐书·列传第六十八》。

赈恤讫，具数闻奏，躬自省阅，务令均赡。"[1]

京兆尹第二重要的工作，便是保障京城的安全。长安城内，除京兆尹与长安、万年二县县令负责治安外，还有殿中御史任左右巡、左右金吾卫中郎将任左右街使，掌管城内巡查警卫。但是一旦京城出了事，第一责任人还是京兆尹。京城恶少是治安督察的首要打击对象。刘栖楚〔宝历元年（825）十一月至宝历二年（826）八月在京兆尹任〕任京兆尹期间号令严明，不畏权势。当时京城恶少在北军中挂名，他们不守法令，以凌衣冠、夺贫弱为乐，一旦有罪就逃入军中，没有人敢去抓他们。刘栖楚当上京兆尹后严加整治，这类行为便绝迹了。坊市内"奸偷宿猾，慑气屏迹"。[2]赵璘在《因话录》中记载到，有一天他和朋友一起入市，一个醉酒军人惊到了朋友的驴。旁边经过的少年纷纷起哄道："痴男子，你的死期到了，竟然敢招惹这些衣冠士子！"每个人好像头上顶着一个刘尹，惴惴不安，不敢惹出事端。

京兆尹还负责城市基础设施建设，长安城中的道路、绿化、城墙的营建维修等事便属其管辖范畴，例如专供高官行走的沙堤，最早便是在京兆尹的提议下建成。《唐会要》卷八十六《道路》记载道，"天宝三载五月，京兆尹萧

---

1 《全唐文》卷七十四《文宗雨雪赈济百姓敕》。

2 〔唐〕赵璘《因话录》。

炅奏：请于要道筑甬道，载沙筑之，至于朝堂"。此外，违法建设如拆墙打洞等事宜，也归京兆尹处置。

京兆尹的职责综合、文武皆备，既是地方长官，能体现执掌一方的能力，又位列朝堂，受皇帝倚重。因此也易成为党争中各政治力量争抢的对象，很难独善其身。京畿地区各方势力云集，宗室、宦官、神策军、寺庙、大臣各有各的势力，各有各的地盘，对京城的经济、治安、管理不可能不造成影响。处理其间关系可以想见有多复杂，京兆尹这个官的难做，地方官完全不可能与其相比。

虽然京兆尹官职特殊，职位却不过从三品而已，面对京城里的各大显贵仍显管辖权限不够，因此多兼了御史之职，以监督朝官的职责来震慑显贵。即便如此，这官依然难做。有唐近三百年，共换了一百五十六任京兆尹，其中任期三年以上的只有十一人，比例仅为7%。其中有三十二人的任期在一年到三年，任期不到一年的竟有一百一十三人之多。肃宗上元元年（760）至上元二年（761）期间，李辅国当权，一年间竟换了五任京兆尹。京兆尹任期短暂，一是因为京畿重地的复杂，动辄得咎；二是因为京兆尹是官员上升途径中的一站，而非终点。白居易专门写了一首诗来详述京兆尹"十年十五人""宽猛政不一"的乱象："京师四方则，王化之本根。长吏久于政，然后风教敦。如何尹京者，迁次不逡巡？请君屈指数，十年十五人。科条日相矫，吏力亦已勤。宽猛政不一，民心安得淳？九州雍为首，群牧之所遵。天下率如此，何以安吾民？谁能变此法，待君赞弥纶。慎择循良吏，令其长子孙。"[1]

能做到任期三年以上的京兆尹，必有其过人之处。比如脸皮极厚却能翻脸如翻书的窦怀贞［神龙二年（706）十一月至景龙四年（710）六月在京兆尹任］。

窦怀贞是中宗神龙年间的京兆尹，系御史大夫任上迁入。此前他一直以清廉出名，却在当了京兆尹之后换了方式来做人。为了讨好韦皇后，他娶了韦皇后的乳母王氏为妻，以阿𦤺（即皇后的奶娘之老公）自称而面不改色。为了避讳韦皇后之父的名字，他不惜改名为从一。然而在李隆基诛杀韦氏一族后，窦怀贞居然能亲手砍下王奶娘的头颅献上去，因此只被外迁为濠州司马，后来竟能东山再起拜相。

在政治争斗轮番碾压的情况下，还能在京兆尹任上做出些实际成绩的，可以说是很不容易了。韩朝宗［天宝元年（742）至三年（744）在京兆尹任］就是这么一个难得的京兆尹。韩朝宗就是李白著名的《与韩荆州书》"生不用封万户侯，但愿一识韩荆州"提及的韩荆州。根据王维的记载，韩朝宗任职京兆尹期间，强力打击豪强恶少，以致"外家公主，敢纵苍头庐儿；黠吏恶少，自擒赭衣偷长"。[2]

1　〔唐〕白居易《赠友五首》。

2　〔唐〕王维《大唐吴兴郡别驾前荆州大都督府长史山南东道采访使京兆尹韩公墓志铭》。

他还致力于疏通漕运："分渭水入自金光门，置潭于西市之西街，以贮材木。"[1]然而这么有作为的京兆尹，仍然不到一年就被贬黜，表面上看是因为他在城南修建别业，[2]更是因为他牵扯进了当时李适之与李林甫之间的党争。

再如宗室之后、沉雅清整的李勉［肃宗上元二年（761）、大历二年至三年（767—768）在京兆尹任］第一次任京兆尹时，因为不肯依附李辅国被免。第二次，得势的宦官变成了鱼朝恩。鱼朝恩作为观军容使，知国子监事。前任京兆尹黎幹攀附鱼朝恩多年，他任职期间每逢鱼朝恩入国子监，黎幹都用尽京兆府全府人力，准备上百人的饭菜来接待鱼朝恩。李勉偏不照做。他上任一个多月后，鱼朝恩又要去国子监，京兆府吏申请备饭，李勉说："既然军容使主管国子监，如果我去国子监，应该是他做东才是。我作为京兆尹，如果他是来京兆府拜会，才应该由我做东吧。"鱼朝恩因此怀恨在心，不久之后李勉又被替换了。[3]

对于京兆尹的为官精髓，柳仲郢［会昌五年（845）二月至五月在京兆尹任］有话说。他在武宗、宣宗时期先后担任京兆尹和河南尹，当他做河南尹的时候，宽惠为政，比当京兆尹的时候温柔多了。别人问他为什么。他说："辇

1　《唐会要》卷八十七。

2　见前文《盛唐的雪》，那时候官员在城南修建别墅并非稀罕事。

3　《新唐书·列传第五十六》。

毂之下，弹压为先；郡邑之治，惠养为本。何取类耶？"[1]
曾当过京兆尹的韩愈［长庆三年（823）六月至十月在京兆
尹任］同样深有感触，他说："京师者，四方之腹心，国家
之根本。"[2] 在外地可以是和百姓谈笑风生的小甜甜，一到京
城画风必须突变，天子脚下，一定要以高压统治为首要任
务。看得很通透了。

1　《旧唐书·列传第一百一十九》。

2　〔唐〕韩愈《论天旱人饥状》。

京城居不易

　　"中世士大夫以官为家，罢则无所于归。"[1] 在唐代士大夫眼里，只有京官才能叫官。因此遵循"以官为家"的逻辑，唯有长安才配成为他们的家，绝不能离开。一旦离开，朝思暮想，此身如飘萍，自觉无所依归。然而这种理想状态终究无法实现。宦海沉浮，动辄得咎，根本由不得自己。于是他们在四种状态中频频切换：在长安——陶醉，离开长安——伤心、想它，又回到长安——感慨陶醉，又被贬走——灰心失望。

　　恢恢帝京，居之不易。不管在哪个时空，城市生活都逃不开衣、食、住、行这四件事。若这些能得以满足，最好还有些可供消遣的去处。刚到京师的李白，屈居在旅店中，得到贺知章金龟换酒[2]的殊遇，又有伴游天子的恩宠，

<hr />

1　〔唐〕韩愈《送杨少尹序》。

2　〔唐〕孟棨《本事诗·高逸第三》："李太白初自蜀至京师，舍于逆旅。贺监知章闻其名，首访之。……解金龟换酒，与倾尽醉，期不间日，由是声誉光赫。"

一开始几乎都处于狂喜状态。他在西市喝到了胡姬亲手端过来的酒，"李白一斗诗百篇，长安市上酒家眠"。[1] 身为翰林待诏出入银台门 [2] 的美妙也反复回味过："君登金华省，我入银台门。" [3] 郊游也有之，他曾登上杜陵北望五陵的轮廓，只见到"秋水明落日，流光灭远山"。[4] 而在长安骑了十三年驴的杜甫，"朝扣富儿门，暮随肥马尘"，为求功名四处拜谒的他，生活困窘，忍气吞声，并不能体会到李白那种肆意自在的长安。

相比于开元天宝年间，在八世纪末到九世纪初的长安，科举而非门荫，成为官员升迁的重要途径。四方学子纷至沓来，却不必再经历杜甫那样的心酸。一个中规中矩、仅靠俸禄和才华获得生活层次提升的长安官员发展轨迹样本，莫过于韩愈。贞元二年（786），韩愈初来长安，那年他才十九岁。韩愈一生的大部分时间都不太富有，当初他来到长安，原因简单直接："家贫，不足以自活，应举觅官。"直到二十九岁中进士，他的十年长安生活"无所取资，日求于人，以度时月"，异常艰辛。[5] 直到四十六岁，

1　〔唐〕杜甫《饮中八仙歌》："李白一斗诗百篇，长安市上酒家眠。天子呼来不上船，自称臣是酒中仙。"

2　银台门，唐翰林院在银台门之北，银台门常被用来指代翰林院。

3　〔唐〕李白《朝下过卢郎中叙旧游》。

4　〔唐〕李白《杜陵绝句》。

5　〔唐〕韩愈《上兵部李侍郎书》。

几十年间生活虽有好转，但并不算太宽裕。四十六岁升迁为兵部郎中之后，他的俸禄有所提升，又用大量写碑铭来赚取外快。他的一篇碑文价值绢五百匹。当时一匹绢八百钱，五百匹绢即是四百贯钱。这些钱可以买八百担米，足够一百个成年男子吃一年。足以见其收入之丰厚。

不宽裕，就无法谈及享受生活，追求穿戴和品位。韩愈穿着随便，即使晚年生活宽裕了，也不过是白布长衫紫领巾。由于牙从三十多岁起就开始掉了，四十五岁左右的时候他只剩十七颗牙，成为一个肥胖少须缺牙的老年男子。因此只能拿勺吃一些软软的食物，十分心酸。他一直租房住，直到四十九岁那年，终于在长安靖安坊购买了属于自己的房子[1]。（参见彩图 26–1）为此他骄傲地写了一首诗《示儿》：

> 始我来京师，止携一束书。辛勤三十年，以有此屋庐。此屋岂为华，于我自有余。中堂高且新，四时登牢蔬。前荣馔宾亲，冠婚之所于。庭内无所有，高树八九株。有藤娄络之，春华夏阴敷。东堂坐见山，云风相吹嘘。松果连南亭，外有瓜芋区。西偏屋不多，槐榆翳空虚。山鸟旦夕鸣，有类涧谷居。主妇治北堂，膳服适戚疏。……

1　黄正健《韩愈日常生活研究》，《走进日常：唐代社会生活考论》，上海：中西书局，2016年，243—264页。

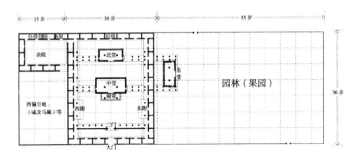

图26-1　靖安坊韩愈宅推测分布图

（贺从容《古都西安》，清华大学出版社，2012年）

这座宅院是相当大的，光堂就有三个，中堂高且新，东堂能看见山，北堂由主妇管理，当为内室。院内有八九棵树，南边有亭以及蔬菜瓜果种植区。宅院的西边并没有太多房屋，只有槐树和榆树形成的树荫。在这里还能听到山里的鸟儿昼夜鸣叫，像是住在山谷里一样。就像许多成功官员一样，韩愈也在城南购入了一所别业，但是好像不太经营那里，不过为了去体验乡村生活而已，而不是像其他人那样醉心于园林设计事业。

靖安坊乃朱雀门街之东第一街街东自北向南第五坊，韩愈、元稹、武元衡都住在靖安坊。在长安的坐标系里，不同地段出没的人属性截然不同，住在哪里通常说明了你是怎样的人。街西是外国人和平民出没的地方，没什么实力的下层官员也住在那里；街东北是权贵的地盘，街东南则是中产阶级士大夫的乐土。街东的人和街西的人甚少来往。先后居住于常乐坊、宜平坊、昭国坊和新昌里的白居易是个标准的东边人，他经常来往的朋友都住在邻近诸坊。除了张籍。在街西租房住的张籍经常来拜访白居易，他虽热情款待，在诗文里却评价张籍，"如何欲五十，官小身贱贫。病眼街西住，无人行到门"。[1]似乎有一种带着优越感的惋惜。

与韩愈比起来，白居易的长安生活显得更加外向和充满活力，作为一个外地人，他似乎毫不费力地融入了长安中上层士子的社交生活，虽然屡次贬谪至外地，这个社交圈却一直十分稳固。贞元十六年（800），二十九岁的白居易第一次来到长安，由于快到而立之年仍未取得功名，虽然眼见帝京的车马喧嚣，春意盎然，他却仍愁眉不展。[2]贞元十九年（803）春，白居易参加吏部考试及第，并在同年认识了元稹，他们同被授予秘书省校书郎，这一年元稹才二十一岁。在秘书省为官几年，白居易一直租住在常乐坊关相国私第之东亭，长安本地人元稹则住在靖安坊自家老宅。白居易在《常乐里闲居》一诗中提到，当时的住处不过茅屋四五间，"窗前有竹玩，门外有酒沽。何以待君子，数竿对一壶"。[3]他饶有兴致地料理亭前东南隅的一丛竹子，

1　〔唐〕白居易《读张籍古乐府》卷一）。

2　〔唐〕白居易《长安早春旅怀》。

3　〔唐〕白居易《常乐里闲居偶题十六韵兼寄刘十五公舆、王十一起、吕二炅、吕四颖、崔十八玄亮、元九稹、刘三十二敦质、张十五仲方》。

将其从原来的杂草丛生培育成"日出有清阴，风来有清声"[1]
的景致，不禁欣欣然。

他和同任秘书省校书郎的几人经常喝酒聚会，四处游
玩——确实因为工作不太忙。他们一起去过曲江，在某年
的四月初还拜访了道德坊的开元观。那是一个风清日和的
春日，阳光照射下叶子的光影清亮，鸟儿栖息于花枝之上。
他们一直都在开元观的西廊喝酒，直到日头沉沉落下，橘
色的光线打在参差的楼殿上。欢饮一直持续到夜晚，且笑
且歌，应当也是通宵未归。[2]这年他三十四岁，年龄不算小，
但生活之肆意随性可见一斑，和韩愈的画风大相径庭。

此后他的人生轨迹与元稹亦步亦趋。贞元二十一年
（805），永贞革新失败，二王八司马被流放，刘禹锡柳宗元
都在其中。宪宗元和元年（806），白居易和元稹双双辞去
秘书省校书郎职务，住在永崇坊华阳观备考。永崇坊紧邻
靖安坊，华阳观本是华阳公主旧宅，他说此地"落花何处
堪惆怅，头白宫人扫影堂"。[3]他约过很多人来华阳观一同
把酒看花、赏月作诗，"华阳观里仙桃发，把酒看花心自
知。争忍开时不同醉，明朝后日即空枝"。[4]"人道秋中明
月好，欲邀同赏意如何。华阳洞里秋坛上，今夜清光此处

1　〔唐〕白居易《养竹记》。

2　〔唐〕白居易《首夏同诸校正游开元观因宿玩月》。

3　〔唐〕白居易《春题华阳观》。

4　〔唐〕白居易《华阳观桃花时招李六拾遗饮》。

多"。[1]同年四月，宪宗策试制举人，应才识兼茂、明于体用科，白居易入第四等，元稹入三等第一名。[2]告别"今夜清光此处多"的白居易出任盩厔县尉，元稹入朝为左拾遗。盩厔县位于长安西南一百三十里，正是这一年，白居易在仙游寺故事会上写出了《长恨歌》。

三十六岁这年的深秋，白居易从自己十分不喜欢的盩厔县尉任上回到长安，任集贤殿校理。同年十一月授翰林学士。其后官职变迁不表。他三十七岁成了家，娶了好友杨虞卿的从妹。三十九岁这年，女儿金銮子满周岁，他左拾遗任期满，转任京兆府户曹参军，户曹和司户参军一起掌管京兆府的"户籍、计帐、道路、逆旅、田畴、六畜、过所、蠲符之事"，即主管人口、财务、基础设施、农业生产等核心事务。[3]虽只官居正七品下，收入却颇丰（俸钱四五万，任秘书省校书郎期间"俸钱万六千，月给亦有余"），于是这一年家人劝说他换房，他先是犹豫说"何须广居处"，后来还是听从劝说搬到了宣平坊。

三十九岁的中秋夜晚，白居易在翰林院独自值夜班，对着月亮思念身在江陵的元稹，"犹恐清光不同见，江陵卑湿足秋阴"。[4]

1　〔唐〕白居易《华阳观中八月十五日夜招友玩月》。

2　〔唐〕唐代制举科，三等即是甲等，四等为乙等。

3　《唐六典》卷三十"三府督护州县官吏"。

4　〔唐〕白居易《八月十五日夜禁中独直，对月忆元九》。

　　元和六年（811），长安下了一场很大的雪。这一年白居易接连遭受两个重大打击，母亲去世，女儿金銮子夭折，年仅三岁。他忧伤成疾，丁忧期间他在家乡写诗务农。再回到长安已是三年后，他租住在位于偏僻南城的昭国坊，并再访华阳观，却已是物是人非。昭国坊清净是清净，有柿子树搭出树荫，有槐花落了满地，对于一个需要早起上朝、晚上值夜班的官员来说，离南城墙只有四个坊的地段实在是太远了，对此他怨声载道，"远坊早起常侵鼓，瘦马行迟苦费鞭"。[1]

　　才到第二年，情节就变得忽上忽下，先是元稹、刘禹锡、柳宗元均回到长安，几人终得诗歌唱酬，可好景不长，三人旋即被贬出京去。就在这一年，宰相武元衡在靖安坊东门被刺，白居易上疏恳请捉贼，得罪当政者，被贬为江州司马。待到元和十五年（820）再次回京之时，他已是四十九岁，心境又有了变化，本来就一路贬谪，回京之后又是只有从六品的青衫小官，此时的他对名利再无太多热望，对长安也不再眷念感怀。第二年，长庆元年（821）春，他买下新昌坊的新居，占地十亩，背后是丹凤门，眼前是青龙寺，他大事修缮了一番，算是喜事一桩吧。虽然在区区一年之内有乔迁之喜，且终得升官服绯，[2]白居易却并未因此产生对长安的

1　〔唐〕白居易《初授赞善大夫早朝，寄李二十助教》。

2　《唐会要》卷三十一《章服品第》："三品已上服紫，四品五品已上服绯，六品七品以绿，八品九品以青。"

归属感，离开回来都由不得他。长安道，一回来，一回老，即使升官了也已年过五旬，长安的游乐欢闹，哪怕是艳歌一曲酒一杯也不再适合他，加之政局不稳，报效之心已无几分残存。

大和三年（829）三月，白居易离开长安，再也没有回来，终老洛阳履道坊。

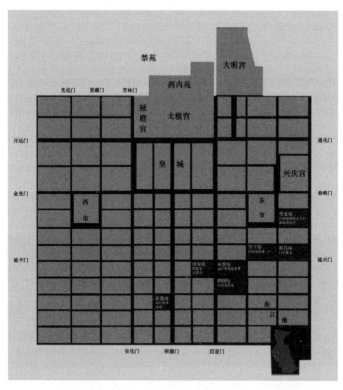

图26-2　本文涉及的文人长安地图（作者自绘）

　　长庆元年（820）深秋，白居易独游慈恩寺。长安三月牡丹最盛，慈恩寺元果院牡丹花开最早，引得都人接踵而至，其中自然少不了当年的八位彩衣青年校书郎。深秋的慈恩寺自然没有艳丽的牡丹，却是柿叶正红之时，雁塔下望向南山，人事已非，心下萧条怅惘。长安不是伤春的所在，这里的春天总是兴高采烈的。却允许人悲秋，叶落满地的时刻，想起当初自己来这里的理由和梦想，在这里经历的人生，那些一起笑过、醉过、爱过的挚友亲朋，纷纷退场。一时间竟不知道自己家在何处。

　　于是，不想在长安做官的那天，长安就不再是家。

参考资料

一、原典

宋代相关

〔宋〕孟元老撰，邓之诚注，《东京梦华录注》，北京：中华书局，1982 年。

〔宋〕孟元老撰，伊永文笺注，《东京梦华录笺注》，北京：中华书局，2012 年。

〔清〕周城撰，单远慕点校，《宋东京考》，北京：中华书局，1988 年。

〔明〕李濂、程民生、周宝珠，《汴京遗迹志》，北京：中华书局，1999 年。

〔宋〕张礼撰、史念海、曹尔琴校注，《游城南记校注》，西安：三秦出版社，2006 年。

〔元〕脱脱等，《宋史》，北京：中华书局，1985 年。

〔宋〕李焘，《续资治通鉴长编》（简称"长编"），北京：中华书局，2004 年。

〔宋〕徐松辑，《宋会要辑稿》，北京：中华书局，1987 年。

〔宋〕司马光，《资治通鉴》，北京：中华书局，2009 年。

〔宋〕李昉，《太平广记》，北京：中华书局，2013 年。

〔宋〕高承，《事物纪原》，北京：中华书局，1998 年。

〔宋〕耐庵编，《靖康稗史笺证》，北京：中华书局，2010 年。

〔宋〕李纲，《梁溪集》之《靖康传信录》，《钦定四库全书》。

〔宋〕苏轼著，孔凡礼校注，《苏轼文集》，北京：中华书局，2004 年。

〔宋〕陶谷，《清异录 江淮异人录》，上海：上海古籍出版社，2012 年。

〔宋〕罗烨，《醉翁谈录》，上海：古典文学出版社，1957 年。

〔宋〕宋敏求撰，〔元〕李好文编绘，辛德勇、郎洁点校，《长安志·长安志图》，西安：陕西出版传媒集团、三秦出版社，2013 年。

先秦相关

王世舜译注，《尚书》，北京：中华书局，2011 年。

李慧玲、吕友仁译注，《礼记》，郑州：中州古籍出版社，2010 年。

杨天宇译注，《周礼》，上海：上海古籍出版社，2004 年。

王国维，《古本竹书纪年辑校　今本竹书纪年疏证》，沈阳：辽宁教育出版社，1997 年。

黄怀信、张懋镕、田旭东，《逸周书汇校集注》，上海：上海古籍出版社，2007 年。

〔汉〕司马迁，《史记》，北京：中华书局，2006 年。

程俊英，《诗经译注》，上海：上海古籍出版社，2012 年。

〔战国〕屈原等撰，林家骊注释，《楚辞》，北京：中华书局，2010 年。

〔汉〕许慎，《说文解字》，北京：中华书局，2013 年。

〔汉〕刘向集录，《战国策》，上海：上海古籍出版社，1998 年。

《国语》，北京：中华书局，2007 年。

杨伯峻，《春秋左传注》，北京：中华书局，2009 年。

刘尚慈译注，《春秋公羊传译注》，北京：中华书局，2010 年。

钟文烝，《春秋穀梁经传补注》，北京：中华书局，2012 年。

唐代相关

〔宋〕欧阳修、宋祁，《新唐书》，北京：中华书局，1975年。

〔后晋〕刘煦等，《旧唐书》，北京：中华书局，1975年。

〔宋〕王溥，《唐会要》，上海：上海古籍出版社，2006年。

〔清〕徐松，《增订唐两京城坊考》，西安：三秦出版社，2003年。

〔清〕徐松、张穆，《唐两京城坊考》，北京：中华书局，1985年。

〔元〕骆天骧，《类编长安志》，西安：三秦出版社，2006年。

〔唐〕韦述、杜宝撰，辛德勇辑校，《两京新记辑校·大业杂记辑校》，西安：三秦出版社，2006年。

《唐五代笔记小说大观》（上、下），上海：上海古籍出版社编纂出版，2000年。

[日]圆仁，《入唐求法巡礼行记》，桂林：广西师范大学出版社，2007年。

〔唐〕释道世，《法苑珠林》，北京：中国书店，1991年。

〔唐〕释道宣撰，郭绍林点校，《续高僧传》，北京：中华书局，2014年。

〔宋〕朱景玄撰，温肇桐注，《唐朝名画录》，成都：四川美术出版社，1985年。

〔唐〕张彦远，《历代名画记》，北京：人民美术出版社，2004 年。

〔唐〕李林甫撰，陈仲夫注解，《唐六典》，北京：中华书局，1992 年。

〔唐〕苏颋，《唐长安西明寺塔碑》，《全唐文》卷257，北京：中华书局，1983 年。

二、专著

宋代相关

[日] 久保田和男，《宋代开封研究》，上海：上海古籍出版社，2010 年。

周宝珠，《宋代东京研究》，开封：河南大学出版社，1992 年。

包伟民，《宋代城市研究》，北京：中华书局，2014 年。

余辉，《隐忧与曲谏》，北京：北京大学出版社，2015 年。

方诚峰，《北宋晚期的政治体制与政治文化》，北京：北京大学出版社，2015 年。

张聪，《行万里路》，杭州：浙江大学出版社，2015 年。

刘芳，《汴京与临安》，上海：上海古籍出版社，2013 年。

张驭寰，《北宋东京城建筑复原研究》，杭州：浙江工商大学出版社，2011 年。

杨万里，《宋词与宋代的城市生活》，上海：华东师范大学出版社，2006 年。

李春棠，《坊墙倒塌以后：宋代城市生活长卷》，长沙：湖南人民出版社，2000 年。

李路珂，《古都开封与杭州》，北京：清华大学出版社，2012 年。

贺从容，《古都西安》，北京：清华大学出版社，2012 年。

伊永文，《行走在宋代的城市》，北京：中华书局，2005 年。

孔凡礼，《苏轼年谱》，北京：中华书局，1998 年。

先秦相关

张光直，《中国青铜时代》，北京：生活·读书·新知三联书店，2013 年。

贺业钜，《考工记营国制度研究》，北京：中国建筑工业出版社，1985 年。

李劼，《中国文化冷风景》，台北：允晨文化，2013 年。

张正明，《楚史》，北京：中国人民大学出版社，2010 年。

郭德维，《楚都纪南城复原研究》，北京：文物出版社，1999 年。

白奚，《稷下学研究》，北京：生活·读书·新知三联书店，1998 年。

钱穆，《先秦诸子系年》，北京：商务印书馆，2001 年。

唐际根，《殷墟，一个王朝的背影》，北京：科学出版社，2009 年。

梁启超，《先秦政治思想史》，长沙：岳麓书社，2010 年。

陈梦家，《西周年代考·六国纪年》，北京：中华书局，2005 年。

吕思勉，《先秦史：吕思勉文集》，上海：上海古籍出版社，2005 年。

吕思勉，《先秦学术概论》，长沙：岳麓书社，2010 年。

［日］平势隆郎著，周洁译，《从城市国家到中华：殷周·春秋·战国》，讲谈社·中国的历史丛书，桂林：广西师范大学出版社，2014 年。

余英时，《士与中国文化》，上海：上海人民出版社，2013 年。

苏畅，《管子城市思想研究》，北京：中国建筑工业出版社，2010 年。

唐代相关

［日］石田干之助，《长安之春》，北京：清华大学出版社，2015 年。

［日］足立喜六，《长安史迹研究》，西安：三秦出版社，2003年。

［日］妹尾达彦，《长安的都市规划》，西安：三秦出版社，2012年。

［日］平冈武夫主编，《唐代的长安与洛阳（地图篇）》，上海：上海古籍出版社，1991年。

［日］平冈武夫主编，《唐代的长安与洛阳（资料篇）》，上海：上海古籍出版社，1989年。

荣新江、华澜、张志清主编，《粟特人在中国：历史、考古、语言的新探索》，《法国汉学》第十辑，北京：中华书局，2005年。

荣新江，《隋唐长安》，上海：复旦大学出版社，2010年。

荣新江，《中古中国与外来文明》，北京：生活·读书·新知三联书店，2014年。

向达，《唐代长安与西域文明》，北京：商务印书馆，2015年。

辛德勇，《旧史舆地文录》，北京：中华书局，2013年。

辛德勇，《隋唐两京丛考》，西安：三秦出版社，2006年。

张同利，《长安与唐五代小说研究》，北京：人民出版社，2015年。

李芳民，《唐五代佛寺辑考》，北京：商务印书馆，2006年。

荣新江主编，《唐研究》，第二卷、第九卷、第十一卷、

第十五卷、第二十一卷，北京：北京大学出版社，1996 年、2003 年、2005 年、2009 年、2015 年。

龚国强，《隋唐长安佛寺研究》，北京：文物出版社，2006 年。

季爱民，《隋唐长安佛教社会史》，北京：中华书局，2016 年。

张荣芳，《唐代京兆尹研究》，台北：学生书局，1987 年。

黄正建，《唐代衣食住行研究》，北京：中华书局，2013 年。

杜文玉，《大明宫研究》，北京：中国社会科学出版社，2015 年。

谢昆芩，《长安与洛阳》，上海：上海古籍出版社，2013 年。

严耕望，《唐代交通图考》，上海：上海古籍出版社，2007 年。

史念海，《唐代历史地理研究》，北京：中国社会科学出版社，1998 年。

张永禄，《唐都长安》，西安：三秦出版社，2010 年。

张永禄主编，《唐代长安词典》，西安：陕西人民出版社，1990 年。

杨鸿年，《隋唐两京考》，武汉：武汉大学出版社，2005 年。

杨鸿年，《隋唐两京坊里谱》，上海：上海古籍出版社，1999 年。

阎琦，《唐诗与长安》，西安：西安出版社，2003 年。

王辟疆，《唐人小说》，北京：北京联合出版公司—后浪出版公司，2016 年。

黄正健，《走进日常：唐代社会生活考论》，上海：中西书局，2016 年。

王拾遗编著，《白居易生活系年》，银川：宁夏人民出版社，1981 年。

庄申，《长安时代：唐人生活史》，香港：香港大学美术博物馆，2008 年。

汪聚应，《唐代侠风与文学》，北京：中国社会科学出版社，2007 年。

汪涌豪，《中国游侠史》，上海：复旦大学出版社，2005 年。

曹正文，《中国侠文化史》，上海：上海文艺出版社，1994 年。

马驰，《唐代蕃将》，西安：三秦出版社，2011 年。

余太山，《西域通史：中国边疆通史丛书》，郑州：中州古籍出版社，1996 年。

［法］葛乐耐著，毛铭译，《驶向撒马尔罕的金色旅程》，桂林：漓江出版社，2016 年。

［意］康马泰著，毛铭译，《唐风吹拂撒马尔罕》，桂

林：漓江出版社，2016 年。

〔俄〕马尔夏克著，毛铭译，《突厥人、粟特人与娜娜女神》，桂林：漓江出版社，2016 年。

〔美〕薛爱华，《撒马尔罕的金桃——唐代舶来品研究》，北京：社会科学文献出版社，2016 年。

〔美〕芮乐伟·韩森著，张湛译，《丝绸之路新史》，北京：北京联合出版公司—后浪出版公司，2015 年。

〔法〕魏义天著，王睿译，《粟特商人史》，桂林：广西师范大学出版社，2012 年。

其他

梁思成，《中国建筑史》，北京：生活·读书·新知三联书店，2011 年。

郭黛姮，《中国古代建筑史（第三卷）：宋、辽、金、西夏建筑》，北京：中国建筑工业出版社，2009 年。

赵冈，《中国城市发展史论集》，北京：新星出版社，2006 年。

杨宽，《中国古代都城制度史研究》，上海：上海人民出版社，2003 年。

贺业钜，《中国古代城市规划史》，北京：中国建筑工业出版社，2014 年。

董鉴泓，《中国城市建设史》，北京：中国建筑工业出版社，2004 年。

李凭，《北魏平城时代》，上海：上海古籍出版社，2014年。

侯仁之，《历史地理学的视野》，北京：生活·读书·新知三联书店，2009年。

谭其骧，《中国历史地图集》，北京：中国地图出版社，1996年。

谭其骧，《简明中国历史地图集》，北京：中国地图出版社，1991年。

傅熹年，《中国古代城市规划、建筑群布局及建筑设计方法研究》，北京：中国建筑工业出版社，2015年。

张杰，《中国古代空间文化溯源》，北京：清华大学出版社，2015年。

三、论文或文章

宋代相关

傅熹年，《宋赵佶瑞鹤图和它所表现的北宋汴京宫城正门宣德门》，《中国古代建筑十论》，上海：复旦大学出版社，2004年。

李合群，《北宋东京皇城宣德门考》，《中原文物》，2008年第2期。

尹家琦，《北宋东京皇城宣德门研究》，河南大学硕士学位论文，2009年。

李合群，《北宋东京布局研究》，郑州大学博士学位论文，2005 年。

李合群、司丽霞、段培培，《北宋东京皇宫布局复原研究——兼对元代〈事林广记〉中的〈北宋东京宫城图〉予以勘误》，《中原文物》，2012 年第 6 期。

李合群，《北宋皇宫二城考略》，《中原文物》，1996 年第 3 期。

李合群、尹家琦，《试析北宋东京南北御街街道景观》，《开封大学学报》，2009 年第 1 期。

徐伯勇，《北宋东京宣德楼及御街建置布局考说》，《中国古都研究（第五、六合辑）——中国古都学会第五、六届年会论文集》，1988 年 6 月。

邓烨，《北宋东京城市空间形态研究》，清华大学硕士学位论文，2004 年 6 月。

梁建国，《北宋东京春明坊及相关问题考》，《隋唐辽宋金元史论丛》，2014 年 5 月。

王一帆、孔云峰、马海涛，《古代城市结构复原的 GIS 分析与应用——以北宋东京城为例》，《地球信息科学》，2007 年 10 月。

周宝珠，《北宋东京的园林与绿化》，《河南师大学报》（社会科学版），1983 年第 1 期。

周宝珠，《隋唐时期的汴州与宣武军》，《河南大学学报》（哲学社会科学版），1989 年第 1 期。

曾大兴,《柳永〈乐章集〉与北宋东京民俗》,《中山大学学报》(社会科学版),2003 年第 5 期。

刘方,《娱乐、欲望与阴影:市民文学视野中的北宋东京都市意象》,《湖州师范学院学报》,2009 年第 5 期。

丘刚、李合群,《北宋东京金明池的营建布局与初步勘探》,《河南大学学报》(哲学社会科学版),1998 年第 1 期。

丘刚、董祥,《北宋东京皇城的初步勘探与试掘》,《开封考古发现与研究》,郑州:中州古籍出版社,1998 年。

张劲,《开封历代皇宫沿革与北宋东京皇城范围新考》,《史学月刊》,2002 年第 7 期。

周佳,《北宋朝会六殿》,《东方博物》第三十九辑。

乔楠,《北宋大朝会的时空探究》,《法制与社会》,2013 年 12 月。

陈胜、乔楠,《史述详略之间:北宋大朝会初探》,《史学集刊》,2015 年第 4 期。

姜锡东、史泠歌,《北宋大朝会考论——兼论“宋承前代”》,《河北学刊》,2011 年第 5 期。

马琳,《北宋宫廷人士休闲活动研究》,河南大学硕士学位论文,2010 年 6 月。

郭乃贤,《宋代宫廷元日活动研究》,河北大学硕士学位论文,2013 年 6 月。

刘春迎,《北宋东京三大节日及其习俗》,《史学月刊》,1997 年第 1 期。

张显运，《近二十年〈清明上河图〉研究述评》，《史学月刊》，2008 年 11 月。

余辉，《清明上河图》张著跋文考略，《故宫博物院院刊》，2008 年 9 月。

余辉，《张择端〈清明上河图〉》卷新探，《故宫博物院院刊》，2012 年第 5 期。

刘涤宇，《从〈清明上河图〉看北宋东京的城市细部构成》，《建筑师》，2010 年 4 月。

葛奇峰，《战国魏大梁城平面布局新探》，《中原文物》，2012 年 8 月。

杜玉俭，《李白、杜甫和高适为何并未同登开封吹台》，《中州学刊》，2004 年 5 月。

梁建国，《朝堂之外：北宋东京士人走访与雅集——以苏轼为中心》，《历史研究》，2009 年第 2 期。

周云容，《解读苏轼的两次制科考试》，《文史杂志》，2011 年第 3 期。

龙芳，《北宋东京诗研究》，暨南大学硕士学位论文，2006 年 5 月。

刘芳，《宋代两京都市文化与文学生产》，上海师范大学博士学位论文，2008 年 4 月。

先秦相关

胡家聪，《稷下学宫史钩沉》，《文史哲》，1981 年第

4 期。

王国维,《殷周制度论》。

史念海,《〈周礼·考工记·匠人营国〉的撰著渊源》,《传统文化与现代化》,1998 年第 3 期。

焦泽阳,《周"礼制"与〈考工记·匠人营国〉对早期都城形态的影响》,《城市规划学刊》,2012 年第 1 期。

梁晓景,《西周建都洛邑浅论》,《中国古都研究》第四辑,杭州:浙江人民出版社,1989 年。

唐际根,《三千年前的首都记忆》,《中华遗产》,2007 年第 7 期。

曲英杰,《齐都临淄城复原研究》,《中国历史论丛》,1991 年第 1 期。

曲英杰,《周代都城比较研究》,《中国史研究》,1997 年第 2 期。

董琳利,《简论"武王克商"的政治正当性问题》,《中国人民大学学报》,2012 年第 5 期。

苏畅、周玄星,《〈管子〉营国思想于齐都临淄之体现》,《华南理工大学学报》(社会科学版),2005 年第 1 期。

孙丽娟、李书谦,《〈考工记〉营国制度与中原地区古代都城布局规划的演变》,《中原文物》,2008 年第 6 期。

唐际根,《"青铜社会":古代王权的运转》,《中国社会科学报》,2013 年 1 月 4 日。

唐际根、荆志淳,《安阳的商邑与大邑商》,《考古》,

2009 年第 9 期。

郑振香，《殷墟发掘六十年概述》，《考古》，1988 年第 10 期。

窦建奇、王扬，《楚"郢都（纪南城）"古城规划与宫殿布局研究》，《古建园林技术》，2009 年第 1 期。

董灏智，《楚国郢都兴衰史考略》，东北师范大学硕士学位论文，2008 年 5 月。

滕琳，《春秋战国时期文化中心的转移——从曲阜到稷下学宫》，山东师范大学硕士学位论文，2011 年 5 月。

张良才，《从〈管子·弟子职〉看稷下学宫的教学与生活管理》，《管子学刊》，1994 年第 3 期。

孙开泰，《稷下学宫的百家争鸣与相互影响》，《管子学刊》，1987 年创刊号。

唐代相关

史念海、史先智，《长安和洛阳》，《唐史论丛》第七辑，西安：陕西师范大学出版社，1998 年。

马得志，《1959—1960 年唐大明宫发掘简报》，《考古》，1961 年第 7 期。

中国社会科学院考古研究所西安唐城工作队，《唐大明宫含元殿遗址 1995—1996 年发掘报告》，《考古学报》，1997 年第 3 期。

傅熹年，《唐长安大明宫含元殿原状的探讨》，《文物》，

1973 年第 7 期。

杨鸿勋，《唐长安大明宫含元殿复原研究报告——再论含元殿的形制》，《建筑历史与理论》第六、七合辑，1994 年。

傅熹年，《对含元殿遗址及原状的再探讨》，《文物》，1998 年第 4 期。

张艳云，《唐代长安的重牡丹风气》，《唐都学刊》第11 卷，1995 年第 5 期。

武廷海，《从形势论看宇文恺对隋大兴城的"规画"》，《城市规划》，2009 年第 12 期。

王树声，《宇文恺：划时代的营造巨匠》，《城市与区域规划研究》，2013 年第 1 期。

李曼，《唐代上元节俗的历史考察》，陕西师范大学硕士学位论文，2014 年。

李娜，《唐代公主的生活与文学》，西北大学硕士学位论文，2005 年。

李晶，《隋唐时期河东薛氏家族研究》，山西师范大学硕士学位论文，2014 年。

曹尔琴，《唐代长安城的里坊》，《人文杂志》，1981 年5 月。

赵贞，《唐代长安街鼓考》，《上海师范大学学报》（哲学社会科学版），2006 年第 3 期。

杨为刚，《唐代都市小说叙事的时间与空间　以街鼓为中心》，《唐研究》第十五卷，北京：北京大学出版社，

2009 年 12 月。

齐东方，《魏晋隋唐时期里坊制度——考古学的印证》，《唐研究》第九卷，北京：北京大学出版社，2003 年。

王贵祥，《唐长安靖善坊大兴善寺大殿及寺院布局初探》，《中国建筑史论汇刊》（第拾辑），北京：清华大学出版社，2014 年。

李健超，《唐长安 1∶2.5 万复原图》，《西北大学学报》（自然科学版），1993 年第 2 期。

李志红，《唐长安街道景观研究》，郑州大学博士学位论文，2006 年 5 月。

辛德勇，《冥报记，报应故事中的隋唐西京景象》，《清华大学学报》（哲学社会科学版），2007 年第 3 期。

［日］妹尾达彦，《唐代长安的东市与西市》，《乾陵文化研究》（四），西安：三秦出版社，2008 年。

汪聚应，《唐代长安与游侠》，《长安学术》第一辑，北京：商务印书馆，2010 年。

陈莉，《唐诗中的"五陵少年"及"五陵原"意象》，《当代文坛》，2011 年第 4 期。

梁中效，《唐长安西市文化述论》，《唐都学刊》，2011 年第 3 期。

李瑞，《唐宋都城空间形态研究》，陕西师范大学博士学位论文，2005 年 5 月。

赵洋，《开远门前万里堠——隋唐长安城一隅的空间景观》,《唐研究》第二十一卷,北京:北京大学出版社,2015 年。

孙英刚,《想象中的真实——隋唐长安的冥界信仰与城市空间》,《唐研究》第十五卷,北京:北京大学出版社,2009 年。

朱玉麒,《隋唐文学人物与长安坊里空间》,《唐研究》第九卷,北京:北京大学出版社,2003 年。

杨哲,《夜禁制度下的两京灵异故事研究》,中央民族大学硕士学位论文,2011 年。

王贵祥,《隋唐时期佛教寺院与建筑概览》,《中国建筑史论汇刊》(第八辑),北京:中国建筑工业出版社,2013 年。

介永强,《唐都长安城的佛教寺院建筑》,《长安大学学报》(社会科学版),2014 年第 2 期。

孙昌武,《唐长安佛寺考》,《唐研究》第二卷,北京:北京大学出版社,1996 年。

荣新江,《从王宅到寺观:唐代长安公共空间的扩大与社会变迁》,《隋唐长安:性别、记忆及其他》,上海:复旦大学出版社,2010 年。

荣新江,《隋唐长安的寺观与环境》,《唐研究》第十五卷,北京:北京大学出版社,2009 年。

辛德勇,《长安城寺院的分布与隋唐时期的佛教》,《旧史舆地文录》,北京:中华书局,2013 年。

景亚鹂,《唐长安大安国寺历史文化稽考》,《乾陵文化研究》(九),西安:三秦出版社,2015 年。

罗小红,《唐长安西明寺考》,考古与文物,2006 年第 2 期。

唐浩川,《唐长安西明寺建筑研究》,西安建筑科技大学硕士学位论文,2013 年。

石怀,《日本园仁唐长安所见》,《文博》,1985 年第 6 期。

褚良才,《日僧〈入唐求法巡礼行记〉与唐代俗讲》,《杭州师范学院学报》,1993 年第 4 期。

戴禾,《唐代来长安日本人的生活、活动和学习》,《陕西师大学报》,1985 年第 1 期。

[日] 妹尾达彦,《长安:礼仪之都——以圆仁〈入唐求法巡礼行记〉为素材》,《唐研究》第十五卷,北京:北京大学出版社,2009 年 12 月。

王仁波,《唐代长安的佛教寺院与日本留学僧》,《文博》,1989 年第 6 期。

严耕望,《新罗留唐学生与僧徒》,《唐史研究丛稿》,香港:新亚研究所,1969 年。

刘后滨,《从宿卫学生到宾贡进士——入唐新罗留学生的习业状况》,《社会科学战线》,2013 年第 1 期。

邰振明,《西域"凹凸画法"在唐代画坛的作用及表现》,《中国美术》,2012 年第 4 期。

任平山，《身若出壁的吐火罗粟特壁画——以尉迟乙僧为线索》，《敦煌研究》，2015 年第 1 期。

鲁粲，《西域凹凸画法的源流及其对中原绘画的影响》，《南京艺术学院学报》（美术与设计版），2007 年第 4 期。

荣新江，《一个入仕唐朝的波斯景教家族》，《中古中国与外来文明》，北京：生活·读书·新知三联书店，2014 年。

葛承雍，《唐代长安一个粟特家庭的景教信仰》，《历史研究》，2001 年第 3 期。

葛承雍，《论唐代长安西域移民的生活环境》，《西域研究》，2005 年第 3 期。

葛承雍，《胡人的眼睛：唐诗与唐俑互证的艺术史》，《中国国家博物馆馆刊》，2012 年第 11 期。

姜捷，《唐长安醴泉坊的变迁与三彩窑址》，《考古与文物》，2005 年第 1 期。

毕波，《隋唐长安坊市胡人考析》，《丝绸之路》，2010 年第 24 期。

林梅村，《粟特文买婢契与丝绸之路上的女奴贸易》，《西域文明：考古、民族、语言和宗教新论》，北京：东方出版社，1996 年。

温翠芳，《唐长安西市中的胡姬与丝绸之路上的女奴贸易》，《西域研究》，2006 年第 2 期。

荣新江，《高楼对紫陌，甲第连青山——唐长安城的甲第及其象征意义》，《都市繁华——一千五百年来的东亚城市生活史》，1—30 页。

窦培德、罗宏才，《唐兴庆宫勤政务本楼花萼相辉楼复原初步研究》(上、下)，《文博》，2006 年第 5、6 期。

王静，《终南山与唐代长安社会》，《唐研究》第九卷，北京：北京大学出版社，2003 年。

辛德勇，《隋唐时期长安附近的陆路交通，汉唐长安交通地理研究之二》，《中国历史地理论丛》，1988 年第 4 辑。

孙英刚，《隋唐长安的王府与王宅》，《唐研究》第九卷，北京：北京大学出版社，2003 年。

樊维岳，《王维经营辋川别业时间》，《唐都学刊》第十卷，1994 年第 1 期（总第 35 期）。

黄正健，《韩愈日常生活研究》，《走进日常：唐代社会生活考论》，243—264 页，上海：中西书局，2016 年。

［日］妹尾达彦，《九世纪的转型——以白居易为例》，《唐研究》第十一卷，北京：北京大学出版社，2005 年。

林晓洁，《中唐文人官员的"长安印象"及其塑造——以元白刘柳为中心》，《唐研究》第十五卷，北京：北京大学出版社，2009 年。